神田秀樹
Hideki Kanda

会社法入門
第三版

JN053211

岩波新書
1969

はじめに

「会社法」という新しい法律が二〇〇五年七月に公布され、二〇〇六年五月一日に施行された。本書の初版は、その施行の直前である二〇〇六年四月に刊行され、そこにおいて私は、この会社法が制定された背景と内容のポイントを解説した。制定後九年を経て、会社法は二〇一四年六月に施行後初めての一部改正が成立し、二〇一五年五月一日に施行された。そして、上場会社向けに証券取引所が定めた「コーポレートガバナンス・コード」が二〇一五年六月一日に施行された。その後、会社法は二〇一九年一二月に制定以来の二度目のまとまった一部改正が成立し、その大部分は二〇二一年三月一日に施行され、残りの部分(株主総会資料の電子化と登記関係事項の改正)は二〇二二年九月一日に施行されたが、株主総会資料の電子化は上場会社については二〇二三年三月一日以降に開催される株主総会から適用される。この間、コーポレートガバナンス・コードは二度改訂されるなどの動きもあったし、東京証券取引所の市場区分も見直されて二〇二二年四月四日から新しい市場区分に移行した。そこで、これらの動向を盛り込んで本書を改訂することとした。

会社法は会社の基本法と言われるが、私たち一般の市民にはなじみにくい法律である。それは、「会社」というと、普通は働く所だというイメージがまず浮かぶからではないかと思う。そして、会社で働くヒトは一般には「従業員」といい、働くことに関して規定している法律は、会社法ではなく、労働法という法律である。会社法には、従業員はほとんど登場しない。そこが会社法になじめないところであろう。では、会社法は何を定めているのか。条文を読むだけでは理解が難しい会社法について、この一冊で解説する。

本書の初版において、私は、日本の株式市場についての法制度の改革を強調した。とくに、株式市場についての信頼の回復・確保が必要であり、法がそれをすべきことを述べた。公正さと透明さを法は守り抜かねばならない。具体的には、相場操縦やインサイダー取引その他の不公正な取引を法が厳しく監視・禁止し、受託者責任(業者が顧客に対して負う義務のこと)を厳しく問うなど、法がもっと前面に出る必要がある。アメリカのSEC(連邦証券取引委員会)のような強力な番人が必要であり、日本の証券取引等監視委員会(一九九二年設置)はその活動を一層強化する必要がある。このような条件を速やかに整え、他方では、新しい金融商品の開発や市場参加者の「正当な」活動を事前に制約するような規制は撤廃することが妥当であると述べた。

この点について、本書の初版刊行後の二〇〇六年六月に、株式市場を含めた資本市場分野の基本法である「証券取引法」という法律がその題名を「金融商品取引法」と改めて大改正され、二〇〇七年九月三〇日に施行されるに至った。しかもその後、金融商品取引法は二〇〇八年以降ほぼ毎年一部改正され、二〇二二年にも一部改正がされ、二〇二三年にも重要な改正が予定されている。この間、世界金融危機（二〇〇七—〇九年）や東日本大震災（二〇一一年）、新型コロナウイルス感染症の世界規模での蔓延（二〇二〇年以降）など内外でさまざまなことが起きたが、法の整備という点では、金融商品取引法のほぼ毎年改正は起きるべきことが起きているというのが私の実感である。

そして、二〇〇五年会社法の施行後、二〇〇七年から上場会社向けに証券取引所が会社法に上乗せしたルール（企業行動規範と呼ぶ）を制定し始めた。これも、株式市場についての信頼の回復・確保という流れのなかで起きるべくして起きた出来事である。それが原動力となって、二〇一四年の会社法改正が実現し、二〇一五年に入ってコーポレートガバナンス・コードが制定された。二〇一九年の会社法改正も上場会社等の有価証券報告書提出会社について社外取締役の設置を強制するなど、証券取引所が定めるルールと二人三脚の関係にある。

本書は、会社法の全体像について、基礎的なところから先端的なところまでをコンパクトに述べたものであり、構成は次のとおりである。

第1章では、二〇〇五年に制定されるに至った「会社法」の歴史的背景と制定に至る経緯について述べる。本書の初版で述べたところを新版では大幅に削除した箇所があるが、歴史は重要であると考え直し、本書では初版の記述を復活した。第2章では、二〇〇五年会社法の基本的な考え方とその後の改正である二〇一四年改正と二〇一九年改正についてのポイントを述べる。第3章から第5章までは、会社法の内容の概説である。これらの章では最初の第1節でそのポイントを述べるが、第5章は各節が異なる事項を取り扱っているため、各節の最初の一～二頁でそのポイントを述べる。第6章では近年の出来事や世界の潮流など、少し広い視点から会社法を眺めなおして、将来を展望する。

会社法をまずざっと理解したい読者のみなさんには、第1章と第2章をざっと読んだうえで、第3章と第4章の各第1節の部分、第5章の各節の最初の一～二頁、そして第6章を読むことをお薦めする。

目次

目　次

第6章　会社法のゆくえ

第1章　「会社法」とは何か

1　世界に広がる「株式会社」

株式会社形態の普及

株式会社とは、資金を集めて事業を行うことをサポートするために法が用意した形態（法的仕組み）のひとつである。

その歴史的な淵源は、必ずしもはっきりしているわけではない。古代ギリシアとローマに租税賃借団体と呼ばれる組織があったが、株式会社の元祖は、一六〇〇年に特許状によって設立されたイギリスの東インド会社であると言われている。

株式会社形態は、その後、とくに一九世紀から二〇世紀にかけて世界的に普及したが、さらに二〇世紀の終わりごろから圧倒的となりつつある。

その意味は、従来、法的には株式会社形態以外の形態を利用していた事業も株式会社形態を利用するようになり、その逆の現象はほとんど見られないということである。日本でも、たとえば、証券取引所は、戦後はずっと証券会社を会員とする「会員組織」という特別の法人であったが、現在では、全国に四つある証券取引所（金融商品取引法上の名称は金融商品取引所）のうちで、東京証券取引所(持株会社は日本取引所グループ)と名古屋証券取引所は株式会社形態である。日本取引所グループはその株式を東京証券取引所のプライム市場に上場までしている。なお、歴史的には、大阪証券取引所がその株式を同取引所の市場に上場してきたが、大阪証券取引所は東京証券取引所と統合されて日本取引所グループの傘下に入り(その後大阪証券取引所はデリバティブ取引中心の大阪取引所と名称を変更)、日本取引所グループがその株式を東京証券取引所に上場することとなって今日に至っている。証券取引所が株式会社形態に移行するという傾向は、日本だけの現象ではなく世界的な現象である。

また、大手生命保険会社は多くの国で「相互会社」(保険加入者が構成員となる特別の法人)という形態をとってきたが、近年は株式会社形態に移行する会社が出てきた。日本でもその例がある。

株式会社形態は経済的分野で普及しつつあるだけではない。営利事業以外の分野であり、伝統的には株式会社形態になじまないと考えられてきた社会的分野においても、株式会社形態の導入(強制ではなく、望めば株式会社形態をとってもよいという意味である)が始まった。医療・福祉・教育・農業といった分野がその例である。日本でも病院や学校の経営、農地保有への株式会社形態の導入などが始まっている。

ここで、重要なことがらがある。それは、株式会社形態が世界的に普及しつつあると言えるためには、株式会社形態の核となる部分は世界的に共通でなければならない。そうでなければ、株式会社形態の世界的な普及ということはできないからである。そして、実際のところ、株式会社形態の核となる部分は世界的に共通なのである。

したがって、株式会社形態の圧倒的普及の理由は、株式会社形態がもつ特質にあるはずだということになる。それは何だろうか。

株式会社形態の特質

私の共同研究によれば、株式会社形態の特質は次の五つである。

①出資者による所有
②法人格の具備
③出資者の有限責任
④出資者と業務執行者との分離
⑤出資持分の譲渡性

以下、一つずつ見ていこう。

①出資者による所有

「出資者」という概念はわかりにくいが、法律分野では、資金（通常は金銭その他の財産）を提供し、事業活動によって生じる利益の帰属者となるという意味である。株式会社では出資者を「株主」と呼ぶ。債権者として事業に出資する者もあるが（たとえば、貸付けをする銀行や社債権者）、そのような者はここにいう出資者ではない。「出資者が所有者になる」とは、この出資者が事業の運営を支配することを意味する。そのような意味での出資者が存在しない形態または出資者が事業の所有者とならない形態として、協同組合、相互会社、非営利法人（公益法人がその典型）などがある。株式会社は、他の会社法上の会社と同様、資本の出資者が所有者になる。出資者が一人の事業を個人事業、出資者が複数の事業を共同事業と呼ぶが、会社は共同事業形態の典型的なものである。共同事業は、多数の者からの出資を結合することによって大規模な事業を行うことを可能にする。

②法人格の具備

株式会社は、会社法によって「法人」とされ、他の会社法上の会社と同様、法人格を有する。法人格という概念もわかりにくいが、団体自身の名において権利を有し義務を負うことが認められ、権利義務関係の処理が簡明になる。

岩井克人氏（東京大学名誉教授）は、この法人性こそが株式会社の決め手となる重要な特質であるとしている。

株式会社とは、株主が法人としての会社を所有し、その法人としての会社が会社資産を所有するという、「二重の所有関係」によって構成されているのです。

しかも、この二重の所有関係の中間項となっている法人としての会社は、ヒトの役割とモノの役割を同時にはたしていることを、ここで強調しておかなければなりません。法人としての会社は、本来のモノである会社資産にたいしては、所有関係の主体、すなわちヒトとしての役割をはたしており、本来のヒトである株主にたいしては、所有関係の客体、すなわちモノとしての役割をはたしているのです。

さきほど、法人とは、法律上ヒトとして扱われるモノとして、まさにヒトとモノとの二面性をもっていることを指摘しておきました。ここにいたって、法人のこの二面性がそれぞれどのような役割分担をしているのかが、明らかになりました。法人とは、モノにたいしてはヒトとしての役割をはたし、ヒトにたいしてはモノとしての役割をはたしているのです。

いや、ほんとうに、法人とは不可思議な存在です。そして、その法人を中核に据えている株式会社という仕組みも、ほんとうに不可思議な仕組みなのです。

いずれにせよ、（中略）「二重の所有関係」こそ、株式会社の基本構造です。この基本構造さえしっかりと把握しておけば、株式会社にかんするすべてのことは、ほぼ自動的に理解できていくはずなのです。

（岩井克人『会社はこれからどうなるのか』平凡社、二〇〇三年）

③出資者の有限責任

株式会社の出資者（株主）は、出資額を超えて会社の債務について会社債権者に対して責任を負わない。法は株式会社が大規模な共同事業であることを想定しているため、このような出資者の有限責任を認めないと、出資をしようとする者にとってのリスクが大きく、多数の出資者から資金を集めることが困難になるからである。また、有限責任は、会社債権者にとっては会社の財産だけが債務の引当てとなり、株主の債権者にとってはその債務が有限であることを認めるものなので、債権者にとって明確な基準を提供し、取引を容易にするという機能がある。さらに、有限責任は、出資者と会社債権者との間のリスク分配を容易にし、そのため出資持分（株式）の価格形成と譲渡を容易にするという機能もある。

④出資者と業務執行者との分離

株式会社では、出資者（株主）が業務執行者を選任し、例外的な場合を除いて、この業務執行者が事業経営の意思決定と執行をする（「所有と経営の制度上の分離」という）。このことは、出資者が多数の場合には事業経営権を一部の経営者に集中させることを意味する。多数の出資者がいちいち経営上の意思決定を行ったり、執行をすることは多大なコストがかかるからである。

出資者と業務執行者との分離、および経営権の集中の形態にはいろいろなものがある。日本の会社法は、株式会社については、出資者である株主の選任した取締役が取締役会を構成し、そこで経営上の意思決定を行うこととし、その執行は、取締役会の選定する代表取締役が行うという姿を典型としている。また、このような取締役会制度は、同時に、業務執行の監督をも行うこととされている（第3章参照）。法が取締役会を要求することは、先進諸国の会社法に共通の特徴となっている。

⑤出資持分の譲渡性

株式会社では、出資持分（株式）の譲渡性が高められている。すなわち、出資持分が株式という細分化された割合的単位とされ、それは株券という有価証券に表章されるのが原則である。もっとも、二〇〇九年一月に上場会社については株券の電子化（完全無券面化）が実現し、譲渡などを電子的に行うための新しい振替制度が実施されている。このような株式の譲渡性は、実は先に述べた株主の有限責任性と深くかかわっている。有限責任が認められていないと、出資者の信用力に応じて出資の価格が変動することとなり、出資持分の価格形成と譲渡性は著しく低下するからである。

このような出資持分について、その譲渡の自由を法が保障すべきかという問題がある。これは株主の投下資本の回収をどのように確保すべきかという問題だが、日本の会社法は、株式の譲渡の自由を原則としながらも、一定の方法による譲渡制限を認めている。ただし、譲渡制限株式についても法は投下資本回収を保障している。

会社法って、何?

株式会社にかかわる法律は多数ある。会社法は会社の基本法と言われるけれども、私たち一般の市民にとってはなじみにくい法律である。それは、普通は、会社というと、働く所だというイメージがまず浮かぶからではないかと思う。そして、会社で働くヒトは一般には従業員あるいは労働者といい(会社法では使用人と呼ぶ)、働くことに関する法律は、会社法ではなく、労働法という法律である。会社法には、従業員はほとんど登場しない。そこが会社法になじめないところである。

会社をめぐる法律には、実にさまざまなものがある(図1-1)。では、会社法は何を定めているのか。

図1-1　会社をとりまく主な法律

それは、株主がおカネを出し、それに基づいて、会社の運営を決め、会社が活動するという面についてルールを定めているということになる。株主の集まりである株主総会で取締役を選び、取締役が代表取締役を選び、代表取締役が会社の業務を行うというのが通常の姿である(詳しくは第3章で述べるが、ほかに取締役会のない会社もあるし、指名委員会等設置会社という別の仕組みもある)。基本的な事項だけは株主総会で決める。その他の事項のうちで重要な事項は取締役会で決める。決めたことを実行するのは代表取締役である。日常的な事項は代表取締役が決めることもする。つまり、代表取締役がものごとを決め、そして実行もする。

ただ、それでもピンとこないかもしれない。会社法は、代表取締役が決めて実行するというところまでしか規定していない。実際には、日常的な事項といっても、代表取締役が自分ですべてを決めて実行することは不可能である。そこで、従業員にまかせることになる。その結果、実際には、たとえば会社が文房具が不足して鉛筆一本買うような場合には、鉛筆を買うことを決めるのもまた買うという行為をするのも、いずれも従業員である。もっと言えば、市民感覚からすると、会社の活動のほとんどは従業員が行っている(たとえば自動車会社で自動車を作っているのは従業員だ)というのが実感だろう。そしてその実感は正しい。

しかし、会社法はそういうところにはほとんど触れていない。繰り返しになるが、出資者である株主、そして株主に選ばれた取締役、そして代表取締役と、そこまでなのが原則である。これに会社法に登場するその他のヒトとしては会社債権者という抽象的なカテゴリーがある。これには、従業員も含まれるが、そのほかにも会社におカネを貸す銀行等なども含まれ、抽象的なレベルで会社債権者という類型を作ってルールを設けているにすぎない(第4章参照)。

では、なぜ、会社法が会社についての基本法なのか。働く人にとっての基本法は会社法ではなく労働法なのではないのか。それはそのとおりである。繰り返しになるが、会社法は、株主がおカネを出し、それに基づいて、会社の運営を決め、会社が活動するという面についてルールを定めているということである。会社の活動を決めるのは、株主に究極の出発点があるというのが株式会社の仕組みの基本なのである。会社法が会社の基本法と言われる理由はここにある。

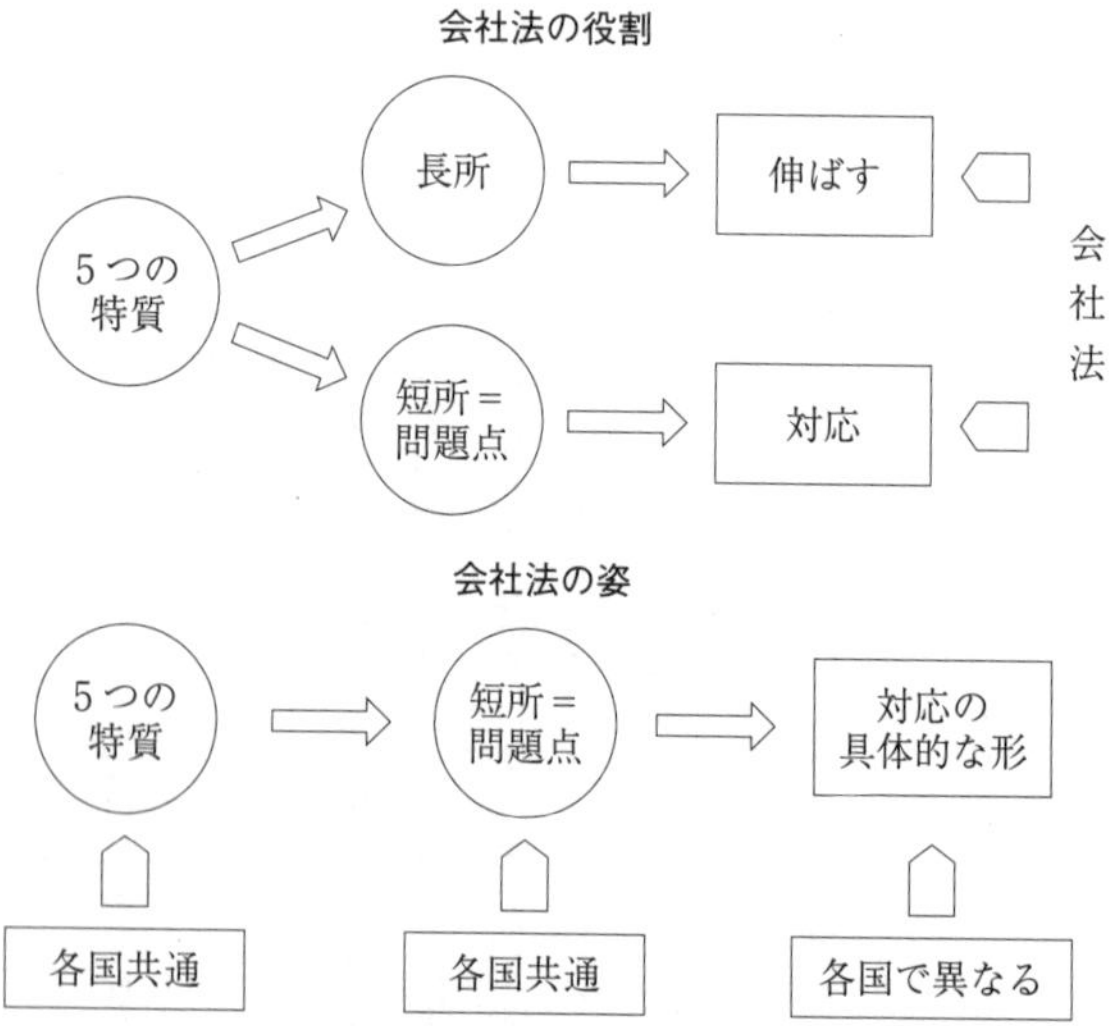

図 1-2

株式会社の特質と会社法の役割

株式会社形態の特質が前述したような点にあるとすれば、会社法の役割はおのずと明らかになってくる。すなわち、これらの特質による長所は伸ばし、これらの特質による短所（問題点）を解決するということである。先進諸国の会社法を見ると、その具体的な形は、各国の歴史と経験を踏まえ、当然に異なる。しかし、その役割は各国共通である（図1－2）。

制度間競争の時代

株式会社形態が主流になりつつあるということになると、当然ながら、他の法的形態は反撃に出る。実際に日本でも、ＬＰＳ（投資事業有限責任組合。一九九八年に特別法制定。以後改正)、ＬＬＰ(有限責任事業組合。二〇〇五年に特別法制定)が法制度上整備された。ＬＬＰは二〇〇五年八月施行後、二〇一七年一二月末時点で七五九三組合が設立されている(経済産業省資料による)。また、会社法では、新しくＬＬＣ(合同会社)という法的形態を導入した。この合同会社は、本書の新版時の二〇一五年二月末時点で七万八三七二社あったが、二〇二二年一〇月時点では二七万七〇〇〇社に達している。このほかにも、二〇〇六年に全文改正された「信託法」では、事業を行うために「信託」という仕組みを利用しやすくした。

要するに、事業を行う法的な仕組みとしてはこうしたさまざまな形態が利用される。しかし、これらの形態は一部の例外を除いて少人数(または小規模)での組織向きであり、したがって、少人数(または小規模)の事業は、株式会社形態を含めて、これらの形態間で競争が起きている。しかし、出資者が多数または大規模な事業では、株式会社形態が主流であり、この傾向は今後も続くだろう。

日本の会社形態

ここで日本の会社形態の数を見ておこう(表1-1)。

会社法は、それ以前の有限会社と株式会社を統合して一つの類型とした(会社法における「株式会社」。図1-3)。その結果、二〇二二年一〇月時点では三九〇万社以上の会社が会社法のも

表 1-1　日本の会社の数

総　　数	3,924,000
株式会社（特例有限会社を除く）	2,068,000
特例有限会社	1,471,000
合名会社	18,000
合資会社	89,000
合同会社	277,000

注）現存会社数調べ，2022 年 10 月
出典：法務省資料

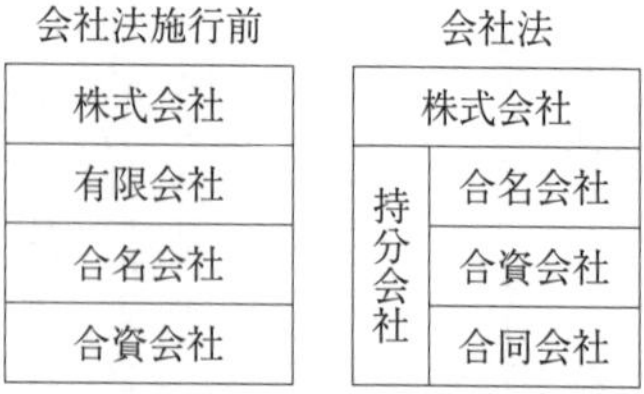

図 1-3　会社の類型と種類

とでの株式会社となっている。それが圧倒的な数字であることは言うまでもない。

なお現在、株式会社のうち、証券取引所の上場会社は約三九〇〇社あり、会社法上「大会社」と呼ばれる大規模な株式会社（資本金五億円以上または負債の総額が二〇〇億円以上の株式会社をいい、会社法のもとで特別の規律に服する）は九〇〇〇社程度と推測される。したがって、数の上では、株式会社の大部分は中小規模の会社である。

会社法施行時点（二〇〇六年五月一日）において有限会社としてすでに存在していた会社は、定款変更や登記申請等の特段の手続をしなくても、会社法施行後は、法的には会社法上の株式会社になった。ただし、このような会社は「特例有限会社」と呼ばれ、会社法施行後も、とくに期限なく有限会社法（会社法施行に合わせて廃止）のルールの実質が維持されるように手当てされている（たとえば取締役の任期に最長限度はなく、また決算の公告も要求されない）。なお、このよう

な会社が、望んで、定款変更と登記等の手続を踏めば、いつでも特例から脱却することができる。

2 二〇〇五年の「会社法」制定

二つの偶然

なぜ、二〇〇五(平成一七)年に新しい会社法の制定が実現したのか。それにはいろいろな複合的な原因がある。大きな流れのなかでは必然であったともいえるが、同時に二つの偶然的な事情が重なったことが大きい。一つは「現代語化」(法律の条文を平仮名口語体にすること)、もう一つは「現代化」(法律の内容を現代にふさわしいものにすること)と呼ばれていることである。

二〇〇五年会社法制定のもととなった法務省の法制審議会の「会社法制の現代化に関する要綱試案」(二〇〇三年一二月)と「会社法制の現代化に関する要綱」(二〇〇五年二月)を見ると、会社法の制定には次の三つの目的があると述べられている。

第一に、従来の片仮名文語体である商法(会社の部分)を「現代語(平仮名口語体)」化する。その作業に際して、内容面でも調整を要する事項が多々あるため、内容面でも多くの改正をすると述べられている(たとえば株式会社形態と有限会社形態の一本化など)。

第二に、一九九七年ごろから商法(会社の部分)の改正が相次いで行われたため、いつごろからかはともかくとして、法制上の整合性が損なわれ、この際再考して調整を図ることが望ましいと考えられる点が多々見られた。そこで、それらについての改正が提案された(たとえば剰余金分配ルールの横断化など)。法制審議会の要綱では、これを「会社に係る諸制度間の規律の不均衡の是正等を行う」と表現している。

第三に、二〇〇五年までの一連の改正後も、なお内外の実務界その他から改正の要望が強く出されていた項目がある(たとえば合併における対価の柔軟化等)。また過去の改正の際に国会において附帯決議がされていた項目もある。そこで、それらの項目についての改正が提案された。要綱では、これを「最近の社会経済情勢の変化に対応するための各種制度の見直し等」と表現している。

これらのうち、第一と第二に属する改正項目は、たとえば二〇〇一(平成一三)年の三回にわたる改正、二〇〇二(平成一四)年、二〇〇三(平成一五)年、二〇〇四(平成一六)年の改正の内容と比較すると、これらの諸改正が考え方の大きな転換を含む大改正であったことに対して、二〇〇五(平成一七)年の会社法の制定は、ルールを横断的に整理しようとしている点で、より技術的な改正となったように見受けられる。しかし、そのカバーする範囲はきわめて広く、なかにはそれまでの制度の大きな考え方の変更を含むような事項も見られる。これに対して、第三に属する項目については、それまでの一連の諸改正と同様、主として会社の活動についてこれを事前に制約するルールを緩和ないし撤廃していくという方向性をもった改正が多く見られる（規制緩和ないし規制改革と呼ぶこともできる）。その意味では、第一、第二以上に従来の制度の考え方の大きな変更を含むような事項が見られる。

このように「現代語化」と「現代化」との歴史的な経緯は別物である。それが偶然にも二〇〇五年に重なった。

「現代語化」のほうは、すでに二〇年以上前から基本法を平仮名口語体化するという政府の方針があった。訴訟法や倒産法などで次々と実現し、残ったのは、もっとも基本的な法律である民法（財産編）と商法となっていた。日本では、民法のほうが商法よりも上位にあると見られている。そこで、先に民法を現代語化しないと商法に順番は回ってこない。その民法の現代語化のための法案は二〇〇四年秋の国会に提出されて実現した。そこで、商法の現代語化を二〇〇五年春の国会に提出することができたのである。もっとも、商法全体の現代語化は、作業があまりに膨大なため、法務省の人手不足もあり、見送られ、商法から会社に関する部分を取り出して、これを有限会社法などと合わせて、「会社法」という単独の法律として現代語化することになった（残された商法は一部だけ現代語化された。その後、二〇一八年に商法と国際海上物品運送法の改正が行われ〔二〇一九年四月一日施行〕、運送に関する規律の現代化が行われたが、これに合わせて残されていた商法の片仮名条文の部分の平仮名口語化が実現した）。

「現代化」のほうの経緯は複雑である。民法では現代化は行われず、現代語化だけが実現した（近年、民法の現代化が相次いでいる。いわゆる債権法改正〔二〇一七年六月公布、一部を除いて二〇二〇年四月一日施行〕、成年年齢引下げの改正〔二〇一八年六月公布、二〇二二年四月一日施行〕、相続法改正〔二〇一八年七月公布、一部を除いて二〇一九年七月一日施行〕が実現したほか、本書執筆時点で法制審議会の担保法制部会において担保法改正に関する審議調査が行われており、二〇二二年一二月に「担保法制の見直しに関する中間試案」を取りまとめて公表している）。商法で現代化が実現したのは、一言で言えば時代の要請による。毎年改正が続き、その結果生じた不整合を直し、再整理をしたということが重要である。ただし、毎年改正が続いたのは、主として大規模会社向けのルールである。だが、二〇〇五年の会社法では、中小会社のルールの整理、とくに株式会社形態と有限会社形態との統合ということも重要である。実はこちらのきっかけは前述した現代語化にある。現代語化するにあたって、有限会社法と会社法とを併存させることはできず、その結果、ルールの内容についても整理をせざるをえなくなったのであった。

商法改正小史

日本の会社法は、ドイツ人のヘルマン・レースラーが起草した草案をもとに旧商法（明治二三

表 1-2　商法の主要な改正年と内容

明治 44(1911)年	全般的改正
昭和 13(1938)年	全般的改正，「有限会社法」制定
昭和 23(1948)年	株式分割払込制の廃止
昭和 25(1950)年	授権株式制度・取締役会制度の導入，株主権の強化等
昭和 30(1955)年	新株引受権に関する改正
昭和 37(1962)年	計算に関する大幅な改正
昭和 41(1966)年	株式譲渡制限，議決権の不統一行使の導入等
昭和 49(1974)年	監査制度に関する大幅な改正，商法特例法の制定等
昭和 56(1981)年	株式単位の引上げ・強制，監査制度の強化，株主総会の活性化，利益供与の禁止，開示の充実，新株引受権付社債の導入等
平成 2(1990)年	株式会社の最低資本金の導入，設立手続の簡素化，優先株式制度の合理化等

＊以降，平成 5(1993)年，6(1994)年，9(1997)年，11(1999)年，12(2000)年，13(2001)年，14(2002)年，15(2003)年，16(2004)年と相次ぐ重要改正

平成 17(2005)年に「会社法」制定，平成 26(2014)年と令和元(2019)年に「会社法」改正

〔一八九〇〕年公布）第一編第六章（明治二六〔一八九三〕年七月施行）に初めて設けられた。その後まもなく現在の新商法（明治三二〔一八九九〕年法四八号）第二編がこれにとって代わり、その後多くの改正を経て今日に至っている（主要な改正は表1-2のとおり）。

ドイツ法系の立法として出発した日本の会社法は、戦後の一九五〇（昭和二五）年改正で、アメリカ法の影響を強く受けて変容し、その後度重なる改正によって日本独自の色彩が加味されて今日に至っている。

目まぐるしく変わってきた商法（会社の部分）改正の流れを見てみると、二〇〇〇（平成一二）年までの改正と二〇〇一年以降の改正とは多少区別して整理することができる。二〇〇〇年までの改正は、一九七四（昭和四九）

表 1-3　商法（会社法）改正の動向

	戦後の商法改正	2001年からの商法改正	会社法
ファイナンス（企業金融）	規制緩和	規制緩和	規制緩和
ガバナンス（企業統治）	規制強化	多様化	多様化
リオーガニゼーション（組織再編）	未整備→2000 年改正で整備完了	—	規制緩和

注 1）規制緩和とは事前規制の緩和の意味
注 2）2001 年からの商法改正＝経営の自由度の増大
注 3）会社法では，① 2001 年以降の諸改正の整理（再編成）と②中小会社に関する改正も重要

年改正あたりから、だいたい見通されていたものであって、その実現が先送りになったり、新しいニーズが出てきたりした改正事項についての一連の流れである。

戦後の商法改正の特徴は、会社法を「ファイナンス」「ガバナンス」「リオーガニゼーション」という三つの分野に分けて整理するとわかりやすい。

ファイナンスというのは「企業金融」と呼ばれている分野で、株式や社債の発行といった資金を調達する分野と、資金を株主に返すというか、配当とか自己株式の取得などと呼ぶ分野の双方を含む。ガバナンスとは、わかりにくい分野であるが、伝統的な概説書での表現を使えば、会社の機関と呼ばれている「監査制度」とか「取締役会制度」などの分野で、「企業統治」ともいう。リオーガニゼーションというのは、最近では「企業組織再編」などと呼ぶが、会社の合併や分割などの分野である（表1-3）。

このような三つの分野に分けると、戦後の商法改正の特徴は、割と単純に表現することができる。まず、第一のファイナンスの分野は一貫して規制緩和の歴史であった。ここで規制緩和

というのは、それまで商法上できなかったことができるようになった、あるいは、行うためには事前の手続が煩雑であったものが、簡単になったという意味である。たとえば一九七四(昭和四九)年の商法改正で、「転換社債」という社債について、それまではその発行に株主総会決議が必要であったのが取締役会決議だけで発行できるようになった。また、一九八一(昭和五六)年改正で、それまで商法上規定がなかった「ワラント債」(当時の名称は新株引受権付社債)という制度が導入された。一九九〇(平成二)年改正で、優先株についての規制緩和が行われた。一九九三年改正で、社債について抜本的な見直しが行われた。以上は資金を調達するほうであるが、資金を返すほうについては、一九九四年以降、自己株式の取得の規制が断続的に緩和された。

なぜ戦後のファイナンス分野の商法改正は規制緩和の歴史だったのか。その理由を、あえて一言で言えば、資本市場・証券市場というものが徐々に発達して、そこで資金調達をしたり資金を返したりしようとすると、当時の商法ではやりにくかった。そこで商法を改正してほしいという要望が実務界から強く出され、これに応えたということである。

一方、ガバナンスの分野は、戦後一貫して規制強化の歴史であった。その理由を簡単に言うなら、大企業中心にいろいろな不祥事が起き、その不祥事の再発を商法で防止しようというのがコンセンサスになり、それに基づいて商法改正が行われたからである。昭和四〇年代に山陽特殊鋼という一部上場会社が倒産した際、粉飾決算だったことが判明した。そこで、一九七四(昭和四九)年の商法改正で、大規模な株式会社については商法上公認会計士監査を導入することとなった。「商法監査」というのは、事前に計算書類を公認会計士または監査法人(商法では「会計監査人」と呼ぶ)が監査をして、その監査報告書を株主に送って定時株主総会において株主による決算の承認を受けるという手続をいう。しかし、当時一〇〇万社以上あった株式会社全部にこれを要求するわけにもいかないので、一九七四年に「株式会社の監査等に関する商法の特例に関する法律」(通称「商法特例法」)を新たに制定して、「大会社」という概念を作り、その大会社について公認会計士または監査法人の会計監査を義務付け、同時に、商法上の監査役の権限をいわゆる業務監査に広げるという大改正を行ったのである。

その後も、総会屋に対する「利益供与」など内容は異なるが不祥事が起き、一九八一年と一九九三年の改正はいずれも「監査制度の強化」という形で規制強化が行われた。

第三の分野であるリオーガニゼーション、すなわち「企業組織再編」の分野については、商法は未整備で、基本的には、合併以外については、何も手を打っていなかった。その理由は、あまり強いニーズがなかったということではないかと思われる。ところが、一九九〇年代、バブル経済が崩壊し、その後の経済不況のなかで状況が変わった。一九九七年に独占禁止法が改正され、「持株会社」(自ら事業をするのではなく他の会社の株式を保有し株式保有を通じてそれらの会社を支配することを目的とする会社)というものが解禁されたのだが、いざ持株会社を作ろうとすると、これが商法上容易でないことが判明した。商法上、子会社を作るのは簡単なことであるが、持株会社を含めて、親会社を作ることは非常に難しかった。それまで上場会社であった自分が、その親会社を作り、その下にぶら下がって、その親会社が上場会社になる。これが持株会社形態への移行であるが、これが法的な手続としては容易ではなかったのである。そこで、一九九九年に「株式交換・株式移転」という新しい商法上の制度を緊急導入した。これは主として、持株会社形態に移行するための手続の整備であった。そして、二〇〇〇年には「会社分割制度」を創設する商法改正が行われた。これらの改正では、いずれも税制・会計も合わせて整備された。その結果、二〇〇〇年の会社分割の改正をもって、この分野については整備を一気に完了することができた。

以上が二〇〇〇年までの商法改正の特徴である。

二〇〇一年以降の改正

二〇〇〇年の会社分割制度の創設で商法改正は一息ついたかのように思われたが、実はそうではなかった。二〇〇〇年の商法改正が成立した直後に選挙があり、七月に法務大臣からさらなる大改正への指示がされたのである。これを受けて、二〇〇〇年九月六日付で、法務省民事局は「今後の商法改正について」という文書を公表した。

そこで示された見直しの視点を先に述べた表現で言い直すと次のようになる。

第一に、ファイナンスの分野の改正の特徴は、戦後の商法改正の延長、つまり規制緩和だということができる。できないことをできるようにする、あるいは事前に煩雑な手続が必要であったものを緩和する。この流れは一貫している。

難しいのは第二のガバナンスの分野である。流れは難解もしくは混乱とでもいうべき様相であった。先に述べたように戦後の歴史は規制強化の歴史であり、具体的な不祥事をきっかけとして、その再発防止のために監査制度などを強化するというものであった。だが一九九〇年代に入ってからも不祥事は相変わらずいろいろと起きたものの、二〇〇一年からの商法改正は具体的な不祥事をきっかけに、その再発防止のために規制を強化するという視点では行われていない。

だから、ガバナンス分野は「難解」と言いたい。なぜガバナンスが難解になるのか。私は当時は「混乱」とも表現していたが、最近では「多様化」と呼ぶことにしている。要するに、規制の緩和とか強化という言葉では語り尽くせないのである。なぜ語り尽くせないかというと、世界的な「コーポレートガバナンス」(企業統治)の議論があり、それ自体に消極的なものと積極的なものと双方の議論があるからである。不祥事防止その他の「コンプライアンス」(法令遵守)

重視という消極的な議論が一つ。同時に企業が繁栄するためにはどういう仕組みがよいのかという積極的な議論の二つがある。近年は前者を「守りのガバナンス」、後者を「攻めのガバナンス」と呼ぶことが多い。

一九九〇年代に入り世界的なレベルでコーポレートガバナンスという議論が盛んに行われるようになった。コーポレートガバナンスというのは、一言で言えば、主として大企業において、その経営をチェックする仕組みをどのように企業の中に築き上げるかという議論である。なぜこの議論が世界で非常に流行したかについては複合的な理由があるが、最初は、やはり不祥事の防止ということであった。アメリカであれ、イギリスであれ、ドイツであれ、その内容は違うものの、いくつかの大企業が不祥事を起こし、その再発を防止するために、経営をチェックする仕組みをきちんと構築する必要があるという議論として、九〇年代前後にコーポレートガバナンスの議論が盛り上がった時期があった。なお、コーポレートガバナンスの問題というのは、必ずしも法律の問題ではなく、むしろ実務すなわち企業として自主的にどういう対応をすべきかという課題も含んだ議論であることに留意する必要がある。

一九九〇年代後半から、「コーポレートガバナンスのあり方が実は企業のパフォーマンス(業績)に影響を与える、したがって、国の経済にも影響を与える」という議論が世界的に勢力をもつようになった。その考え方に立つならよい会社法はよいコーポレートガバナンスをもたらし、よいコーポレートガバナンスは、企業のパフォーマンスを引き上げ、その結果として国の経済にも資する。もしこれらの二つの因果関係があるということになると、これは大変なことになる。なぜなら、もしそうであるのであれば、ぜひ会社法を変えなければならないということになるからである。つまり会社法を変えるだけで、コーポレートガバナンスがよくなり、国の経済がよくなるのだから。要するに、日本ではあまり語られることはないが、会社法というものの役割についての認識の変化という目に見えない背景があり、世界の会社法改正はこれを背景に行われている。日本も間接的にせよ、その影響を受けていると言わざるをえない。

こうした状況なので、規制強化なのか緩和なのかがわからない。強化とか緩和という言葉でくくることができないほど難解なのである。これが二〇〇一年からのガバナンス分野についての会社法改正の流れである。

議員立法と経済産業省の特別法

なぜ頻繁に改正が行われたかについては、日本の国内事情もある。

前述したように、法務省民事局は二〇〇〇年九月に、その後の商法改正の方針を公表し、それが二〇〇一年改正の直接のきっかけとなった。

重要なことは、この時に法制審議会で審議すべき事項と、議員立法で取り扱う事項の棲み分けが宣言されていたということである。簡単に言うと、当時すでに議員立法の作業が進められていた「株主代表訴訟」と「監査役制度」についての改正は議員立法で、それ以外の項目については法制審議会での審議を通じて改正作業をするという方針がこの時に述べられたのである。

実は、商法本体を議員立法で変えるということは以前にはなかった。初めて行われたのは一九九七年の改正で、いわゆる「ストック・オプション」(インセンティブ報酬としての自社株取得権)を導入する法改正がされた。それまで戦後の商法改正の歴史は、すべて法制審議会での審議を経て法務省が責任をもって法案を作り、それが内閣提出法案として閣議決定を経て国会に提出される形であった。議員立法の場合は議員が提案する形になるが、どこが違うかというと、たとえば法制局審査が内閣の場合は内閣法制局で行われるが、議員立法の場合は衆議院なら衆議院の法制局、参議院なら参議院の法制局で行われることである。

議員立法と法制審議会での審議に基づく政府提出法案という立法方法の複線化は一九九七年に始まったが、二〇〇〇年の九月の方針ではっきりした。

もう一つ、このころから当時の通産省による特別立法の先行というやり方が定着し始めたことも重要である。「中小企業の新たな事業活動の促進に関する法律(新事業促進法)」(一九九九年制定)とその前身の法律や「産業活力再生特別措置法(産活法)」(一九九九年制定。二〇一四年一月から産業競争力強化法に継承されている)がその例である。これらの法律でまずやってみる。「やってみる」というのは、商法とは異なるルールでやってみて、うまくいくようだったらそのルールを商法本体のルールとするという意味であるが、実際にその流れができた。一つだけ例をあげると、たとえば、新事業促進法で最低資本金制度を撤廃し「一円設立」を認めた。これが契機となって会社法でも株式会社設立時の最低資本金制度を撤廃した。

要するに、商法改正のプロセスは依然として大部分は法制審議会経由のルートであるが、議員立法のルートと、経済産業省先導型のルートも新たにできたのである。

法制化のタイミング

もう一点、右に述べたところとは別の次元での国内事情がある。

二〇〇一年には六月、一一月、一二月と三度改正がされた。二〇〇二年は一回、二〇〇三年も一回、そして二〇〇四年も改正がされた。しかし、実は、これらの改正は本当は二回でやるはずだった。二〇〇〇年の七月と九月の方針は、議員立法と法制審議会と複線的にやるというものであったことは先に述べた。株主代表訴訟と監査役制度は議員立法で、それ以外は法制審議会でやると整理したわけである。だからそれぞれ一回で合計二回で済むはずだった。ところが数えると、二〇〇一年に三回改正がされ、二〇〇四年改正を含めると何回もの改正となっている。これはなぜだったのか。

議員立法による改正がいつ実現するかというのは、当時の議員立法の内容については一部で反対の声も強かったために、予測ができなかった。実際には二〇〇一年の一二月改正で実現した。他方で、法制審議会のほうは二〇〇二年の通常国会を考えていた。したがって、本来であればその二つで全部カバーできるはずだった。

ところが二〇〇二年の通常国会に予定していた諸改正の一部が一年前倒しになって二〇〇一年の六月に実現した。そしてまた、残りの一部が前倒しになって二〇〇一年の一一月に改正された。その経緯は次のとおりである。

二〇〇二年改正予定であったうち、二〇〇一年六月改正として一年前倒しになったものは、いわゆる「金庫株の解禁」である。自己株式の取得および保有制限の緩和である(会社が自社の株式を取得していつまでも保有することを認めた改正)。当時、毎年三月になると決算対策と称して株式市場が低迷することを防ごうとしていたためである。大量の株式を保有していた当時の金融機関等の決算に悪影響が及ぶことを防止するために、毎年三月になると慌てて土地再評価法や株式消却特例法などの特別の法律を議員立法で作った。二〇〇一年にもそれは行われた。しかし、二〇〇一年には、こうした対症療法よりも基本的な制度の整備をするほうがベターだとの認識が強まり、当初は二〇〇二年に法制審議会の審議を経た上で改正する予定だった商法改正予定事項の一部を前倒しして、改正を実現した。正確には、株式市場を下支えするためには、こうした改正を三月のうちに市場に伝えることが重要であった。つまり改正するということを三月のうちに宣言するのが大事であって、そうすることにより株式市場が崩れないように下支えしようというのが当時の政策判断であった。

この改正は結局三月に改正をすると宣言して実際の改正は六月に実現した。急いだためこの改正は議員立法の形をとった。しかしこれはもともと二〇〇二年に改正する予定だった事項なので、法務省が協力することを公式に表明した。したがって二〇〇一年六月改正についてはその改正の解説は法務省の担当官によっても公表されている。

もう一つが二〇〇一年一一月の改正である。これも前倒し改正で、本来二〇〇二年に改正する予定の事項であった。前倒しした一番大きい項目は、会社関係書類の電子化、とりわけ株主総会関係の書類の電子化である。招集通知を電子的に送ってもよいとするものであるが、何より重要なのは「電子投票制度」であった。議決権行使について、大会社の場合には書面投票制度に加えて(これ自体は書面を送らないといけない)、電子的な議決権行使(インターネットを通じて行う)でもよいという電子投票制度を導入した。これも当初二〇〇二年の通常国会での改正を予定していたのであるが、二〇〇二年の通常国会となると、五月か六月の成立となるので、二〇〇二年の六月の株主総会に間に合わない。実務界からは、スピードの速いIT化の時代に、二〇〇二年六月の株主総会から電子投票制度を使えるようにして欲しいとの強い要望が出された。そこで、前倒しして、ついでにいくつかやれそうな項目を合わせて二〇〇一年一一月に改正を実現した。これは議員立法ではなくて、政府提出法案という法制審議会の審議を経た上での通常の伝統的なルートであった。

六月改正は二〇〇一年の一〇月一日から施行されたが、非常に急いだために、半年間は取得した自己株式を処分することは凍結させた。これは会計と税のルール整備が間に合わなかったからである。会計と税のルールは二〇〇二年三月末までに作るから半年間は待ってくれという異常な事態であった。

二〇〇一年一一月改正は二〇〇二年六月の株主総会に間に合わせないといけないので、二〇〇二年の四月一日に施行された。これに基づいて二〇〇二年六月の株主総会ではいくつかの上場会社で電子投票が使われた。

次に、議員立法として、二〇〇一年一二月改正が実現した。これは、監査役制度の強化、取締役などの責任の一部免除制度の新設、株主代表訴訟制度の改正を内容とするものである。この改正については法務省は表向きには協力を表明しておらず、担当官による解説も書かれていない。

そして、二〇〇二年五月改正は前倒しした残りの事項についての改正であり、改正項目も多い（法制審議会での審議に基づく政府提出法案）。本来全てを二〇〇二年五月にやるはずだったが、一部は二〇〇一年六月、一部は二〇〇一年一一月に前倒しされたため、この二〇〇二年五月は残りの項目の改正となった。ついでに言えば、二〇〇三年の七月にも改正が議員立法でされているが、これは二〇〇一年六月の自己株式の改正を大急ぎでやったために、改善を要すべき点があり、それを修正したものである。簡単に言うと、定款の授権に基づいて自己株式を取締役会決議で買い受けることができる制度を導入したのがこの二〇〇三年改正である。二〇〇一年六月改正前は株式消却特例法という特別法で認めていたものを、二〇〇一年の六月改正で自己株式取得ルールを商法本体に吸収したときに、そういう方法はやめてしまった。しかしやめたのは慌てすぎであったので、それを復活させた。

二〇〇一年六月の改正は前述したような特殊な事情で議員立法・法務省協力の形をとったので、二〇〇三年七月の改正も議員立法・法務省協力という形をとり、法務省の担当官が解説を書いている。

また、本来二〇〇二年改正でやる予定であったうちの公告制度の電子化と株券の電子化については、官報の電子化プロジェクトの遅れなどの事情で、先送りとなった。その結果、これら二つは、二〇〇四年改正で実現した。

以上を要するに、二〇〇〇年の段階では、法制審議会のほうの審議分はその全部を一回の改正で実現することが予定されていたものである。それに対して二〇〇一年一二月改正だけは議員立法でやるという方針が既に一九九六年ごろから立てられていたものである。この二〇〇一年一二月改正についてはいろいろ紆余曲折があったが、最後は与野党の調整を経てともかく成立し、二〇〇二年の五月一日から施行されることになった。これら二回でされるはずの改正が、実際の結果としては何回にも分かれてしまったのである。

そして「会社法」制定へ

以上に述べたような経緯のなかで平成時代の頻繁改正、「多数項目改正」が行われたわけであるが、本節の冒頭に述べたような偶然も重なって、二〇〇五年に「会社法」が制定されるに至った。

会社法案の国会審議も順調とはいえなかった。二〇〇五年三月に会社法案が国会に提出される直前に「ニッポン放送事件」(敵対的買収の事件)が起きた。一部の国会議員から会社法は敵対的買収を容易にするのでけしからぬという声が出された。法務省は、会社法のもとでは買収防衛策はより使いやすくなるという説明に奔走した。その結果、合併等の対価柔軟化の改正部分だけは施行を一年延期するということで法案の国会提出が行われた(会社法は二〇〇六年五月に施行されたが、この改正部分だけは二〇〇七年五月の施行となった)。国会審議の場でも野党の反対があり、与野党間での調整の結果、政府が提出した法案は衆議院において一部修正を受けた。利益供与に関する取締役の責任強化、株主代表訴訟の制限規定の削除、そして自己株式の市場取引による処分を認める規定の削除がその修正内容である。最後の項目は一七九条という条文を丸ごと削除する結果となった。そのため、六月に国会を通過し七月に公布された会社法は、成立時から「第一七九条　削除」と書かれた奇妙な法律となった。一条から九七九条までの条文からなる膨大な量の会社法であるが、実はこの一つの条文は当初から存在しない。そこで、こうした点にこだわる人は「全九七八条からなる新会社法が成立した」と表現している。

次は、参議院の法務委員会での審議の一部である（二〇〇五年五月一九日参議院法務委員会会議録より抜粋、要約）。

民主党・簗瀬《やなせ》進議員（以下、簗瀬議員）　大臣、この法案について、衆議院では審議時間は何時間ぐらいだったでしょうか。

法務大臣（南野《のおの》知恵子・当時。以下同）　三五時間ぐらいいただいたかなと思っております。

簗瀬議員　委員の質問の時間が三五時間ということですか、それは。

法務大臣　参考人質疑その他も含めまして、全体的な委員会が開催された時間でございます。

簗瀬議員　（中略）関係資料として出されたもののページ数を足してみますと七八四〇ページなんですね。大臣、これお目通しはどの程度なさったんでしょうか。

法務大臣 全部読ませていただいたと言うと、うそになります。でも、要所、要点についてはいろいろレクチャーも受け、関心を持って聞かせていただきました。

簗瀬議員 七八〇〇頁を三五時間で割ってみますと、一時間当たり二〇〇頁以上、読まなきゃならないことになります。

実は、民主党の中では最後までこの法案について、いろいろな意見が出ました。その中で、これは、これからの日本の経済社会の姿を決めてしまうような重要法案であるにもかかわらず、国会の審議能力を大幅に上回るような法案の提出の仕方なんじゃないのか、という意見が大変強くございました。我々の通常の日常活動を前提にすると、とても読み切れないような法案なんですよ。九七九条について、本当は逐条審議をやらせていただければと思うんですけれども。私は、これは国会の形骸化につながる法案の提出の仕方だ、と思わざるを得ないんですね。これでは責任を持った議論ができないじゃないですか。基本法にこんな対応をすることについて大臣のご所見、是非とも聞いておきたい。

法務大臣 これについての検討期間は、省においては随分長く検討されてきたと同時に、現行の法律(注・商法の会社の部分のこと)を一〇〇年近く使ってきているということもございます。その中でいろいろなポイントが見出せてきたのではないか、それをいつ改正するかという観点もあったかと思っております。

ですから、時間数よりも中身の濃さによって、すばらしい委員会の先生方によって中身が検討されていき、これが深まっていい形の法案に仕上がっていくと思います。さらに衆議院で附帯決議を付けておりますので、そこら辺も加えながら真剣に検討していくと、「真剣に運用する」ということがポイントになると思っております。

簗瀬議員　大臣、若干の考え違いがあると思いますね。

私の質問の趣旨は、役所が何時間掛けたかということとは全然違うんですよ。役所が大変時間を使ったのに、国会の審議時間が少な過ぎるということは、官僚主導の政治を大臣自身が容認をしたということになります。また、その官僚主導型で国会のチェック機能が弱くなってもいいよと、そんなことをご答弁は意味しているように受け取れます。いかがでございましょうか。

法務大臣　先生、それは少しお考えが深過ぎるのではないかなと思います。

我々といたしましては、やはりこの場で先生方のご審議をいただくのが、最重要課題でございます。衆議院でのご審議と附帯決議の中身を十分勘案しなければならないということも、当然の理であると思っております。

「なぜ、いま新会社法なのか」と問われれば、すでに述べたとおりの背景のなかで偶然的な(そして複雑な?)事情が重なった歴史の所産であるというのが私の実感である。かなりの部分、とくに大規模会社についての部分は、一九九〇年代からの一連の改正の結果であり、集大成である。もちろん新しく内容が改正された点もあるし、また、中小会社については大幅改正が行われた。しかし、いずれにせよ、期せずして会社法は平仮名口語体化され、二一世紀にふさわしい会社の基本法となったのである。

第2章　会社法の考え方と会社法制定以降の改正

1　会社法の考え方

ここでは、二〇〇一年改正以降の改正の底流にある「考え方」をいくつかの点について述べ、その後で、会社法のスタイルなどについての特徴を述べてみたい。なお、これらの考え方と特徴は、会社法制定以降の二〇一四年会社法改正と二〇一九年会社法改正で変化はしていない。

会社法は抽象的に言えば会社にかかわる「関係者」の権利義務関係を律する「私法」的ルールということになる。会社法に登場するのは会社自身を含め株主、債権者などいろいろある。しかし、いずれにせよ、株式会社という法形態は資金を集めて事業を行う法的な仕組みの一つにすぎない。他にもいろいろな形態がある。そして、前述したように、株式会社形態は、先進諸国の歴史の中で圧倒的に普及してきたという歴史がある。

ファイナンス分野

こうした状況の中で、各国共通の核となる部分が実は日本の二〇〇一年改正以降の一連の改正の底流をなしていると考えられる。考え方の変化といってもよい。まずファイナンスの分野について見ると、一つは市場機能の重視で、事前の手続規制等の緩和である。それは規制がなくなるという意味ではなく、その分、事後の規制とでも言うべきものは強化される傾向にある。たとえば、損害賠償請求訴訟のような制度は今後より多く使われることが予想される。

もう一つは、ファイナンス理論の取り入れである。とりわけ「オプション理論」の認知と適用ということが大きい。オプション理論というと有名な「ブラック・ショールズ式」というものがある。オプション理論に基づいてオプションの現在価値を算定する計算式である。これはファイナンスの分野で急成長したものだが、日本の商法は二〇〇一年改正まではオプション理論をほとんど想定しておらず、オプションは将来の新株発行だという整理をしていた。しかし、二〇〇一年改正は明らかに考え方を百八十度変えて、オプションはそれ自体価値があるものであるという考え方に改めた。オプションは法的には将来の新株発行を含むけれども、将来の株価が予測できなくても評価できるというのがブラック・ショールズ式であるが、そういう考え方を明らかに採用した。ただし、「採用した」という意味は、ブラック・ショールズ式を使えば、実際にオプションの価格が具体的なケースでつねに計算できるということまでは意味していない。いくつもの前提なり仮定が満たされないと計算できないが、しかし近似計算はできる（また、これとは別の計算式として利用されるものに、ツリー・格子モデルとモンテカルロシミュレーションがある）。考え方の上でファイナンス理論を本格的に取り入れ、とりわけオプション理論を取り入れるというのは、日本だけではなく世界的な潮流である。

ガバナンス分野

ガバナンス分野では、世界レベルでのコーポレートガバナンスの議論の影響を大きく受けている。これには「守り」のコンプライアンスの議論と、競争力強化のためにどういうガバナンス法制がよいのかという「攻め」の議論との双方がある。二〇〇二(平成一四)年改正による委員会等設置会社という選択制の導入はその例である(二〇〇五年会社法で名称から「等」がとれて「委員会設置会社」となり、二〇一四年改正で名称が「指名委員会等設置会社」と改められている)。また、監査役制度の強化という形をとっている近年の改正も、必ずしも不祥事防止という過去の経緯だけではなく、むしろ積極的に、企業価値を高めるためという面がある。

会計法制

会計法制については、二つ重要な側面がある。一つは世界的な規模で会計基準の調整という流れがあり、国際会計基準(国際財務報告基準ともいう)が形成されているということである。これを受けて日本の会計基準も次々と変わりつつある。一九九九年改正あたりから日本の商法改正は会計基準との調整を重ねてきたが、会社法もその延長にあり、大改正された事項も少なくない(役員賞与、ストック・オプション、企業結合・分離など)。

もう一つ重要なのは、従来は「配当可能利益」という概念を使って配当を規制してきたことについて、二〇〇一年改正以後、それが「剰余金分配規制」に変化したことである。会社法で一層洗練されたルールに移行した。

ベンチャー企業育成など

ベンチャー企業の育成とか起業をサポートするために、各種の規制緩和が行われてきた。たとえば、会社法における最低資本金制度の廃止がその例である。とはいえ、完全に撤廃したわけではなく、最低資本金も機能に応じて考える必要がある。たとえば、資本維持原則といって、先に述べた剰余金分配規制は配当する時に三〇〇万円は残すことを要求している。これに対して、最初に設立する時に三〇〇万円積まないと会社が作れないというのは起業を阻害するという考え方があり、会社法でこれが採用された。最低資本金制度を言わば因数分解して、設立の時に果たす機能と剰余金分配の時に果たす機能を区別すると整理したわけである。

こうした起業やベンチャー企業育成という国の政策の中で、二〇〇一年改正以降「定款自治」を非常に重視してきている。定款自治とは、ベンチャー企業などを作る場合に定款でカスタマイズできることだと言えばイメージしやすいだろうか。「契約自由の原則」ではなく「定款自由の原則」であることに留意してほしい。民法の世界では「契約自由の原則」があると言われるが、会社法では契約自由ではなく「定款自由の原則」である。定款で書けば広く自由を認めましょうということである。そして、何についての自由かというと、株式の内容と株主間の関係、この二つである。債権者の関係は、契約自由の原則である。これは以前からそうである。

会社法はこれを一層推し進め、さらに機関設計についても定款自治を幅広く認めることとした。

会社法の条文配置

会社法は、二〇〇五年改正前商法(二〇〇五年会社法制定前の商法。以下、本書ではこの用語を使うことが多い)と比べると、条文の構造等を大幅に改めた。そこには次のような特色が見られる。

第一に、体系(編・章立て等)を改正前商法から大幅に組み替えた。その際、株式会社の規定を持分会社(合名会社・合資会社・合同会社)の規定よりも先に配置した。また、とくに株式会社に関する諸規定については、簡素なものから複雑なものへという順序で条文を組み立てた。たとえば、機関設計がもっとも簡素な株式譲渡制限会社(非公開会社)を条文配置上の出発点とし、株券不発行(株券を発行しない)を条文配置上の出発点とするなど、条文を組み立てた(表2-1)。

第一編と第四編以下は、株式会社と持分会社の双方に関する規定である。また、雑則には、会社解散命令等のほか、組織に関する訴え、責任追及等の訴え、役員の解任の訴え等の訴訟、非訟、登記、公告に関する諸規定が置かれており、「雑則」といっても重要な事項が含まれていることに注意する必要がある。

表 2-1　会社法における条文の配列

第 1 編	総則(1-24 条)
第 2 編	株式会社(25-574 条)
第 3 編	持分会社(575-675 条)
第 4 編	社債(676-742 条)
第 5 編	組織変更，合併，会社分割，株式交換，株式移転及び株式交付(743-816 条の 10)
第 6 編	外国会社(817-823 条)
第 7 編	雑則(824-959 条)
第 8 編	罰則(960 条-979 条)

第二に、多くの用語を定義し(会社法二条など)、また、条文の準用が極力少なくなるように条文を配置し記述した。もっとも、定義はすべて会社法二条に置かれているわけではないし、また、準用条文がなくなっているわけではない。新しい用語が少なからず登場し、慣れるまでは戸惑うことが多い。「取得請求権付株式」と「取得条項付株式」はその例と言えるだろう。以前はこれらは「転換株式」と呼んでいた。たとえば優先株式(一定金額の配当などを優先的に受け取れる株式)から普通株式(通常の株式)に転換する株式のことで、転換させる権利(オプション)を個々の株主側がもつものと会社側がもつものとがあった(後者は「強制転換株式」とも呼んでいた)。会社法は、前者を「取得請求権付株式」、後者を「取得条項付株式」と定義した。わかりにくいのは、「取得」とは会社が株式を取得するという意

味で一貫し、代わりに株主に渡される株式は「取得の対価」と概念整理したことが一点である(右の例でいうと、会社が優先株式を取得し、その取得の対価として普通株式を交付する)。もう一点は、「取得請求権」とは個々の株主が有する「会社に取得させる」請求権であるのに対して、「取得条項」にいう取得とは会社による取得をいうということである。このような会社法における用語について書き始めると本書はそれだけで終わってしまう。会社法の概念がわかりにくいことの要因の一つには日本語の限界という面もあるように私は思う。

第三に、多くの用語の変更がされた。たとえば、「資本」が「資本金」に、「営業」が「事業」に変更されたなど。

第四に、多くの事項が政省令にゆだねられた。会社法制定時の政令への委任事項は約二〇、省令への委任事項は約三〇〇もあった。

以上の結果、会社法の条文を読んで具体的な事例にあてはめることは容易でない場合が少なくない。会社法がコード化(記号化)されたとか、会社法の条文配置はジグソー・パズルであるなどとの指摘もある。その意味で、会社法の条文を読んでも具体的なイメージがわきにくいことが会社法の難点だと言ってもよいだろう。

2　二〇一四年の会社法改正

二〇一四年会社法改正の経緯

二〇〇五年に制定された会社法が二〇〇六年五月一日に施行されてから四年弱が経った二〇一〇年二月に、その間の動向等を踏まえて、民主党政権のもとで当時の法務大臣から法制審議会に対し、「会社法制について、会社が社会的、経済的に重要な役割を果たしていることに照らして会社を取り巻く幅広い利害関係者からの一層の信頼を確保する観点から、企業統治の在り方や親子会社に関する規律等を見直す必要があると思われるので、その要綱を示されたい」という内容の諮問が行われた。これを受けて、法制審議会に会社法制部会が設置され、同年四月以降、審議が行われた。同部会は、二〇一一年三月の東日本大震災により審議を一時中断したが、その後審議を再開して、二〇一二年八月に「会社法制の見直しに関する要綱案」と「附帯決議案」をとりまとめ、これを受けて、法制審議会は、二〇一二年九月七日に「会社法制の見直しに関する要綱」と「附帯決議」を決定し、法務大臣に答申した。その後、政権交代があり、自民党政権のもとで、二〇一三年一一月二九日に、右の法制審議会の要綱に一部修正を加えた会社法改正法案が国会に提出された。この改正法案は、二〇一四年六月二〇日に国会で成立し、六月二七日に公布され、改正は二〇一五年五月一日に施行された。

改正の背景

二〇一四年会社法改正の内容は、右の法務大臣の諮問にあるように、「企業統治(コーポレートガバナンス)の在り方」と「親子会社に関する規律」の二つが大きな柱である。これらはその背景は異なる。前者は、二〇〇五年会社法制定後の日本の企業をめぐる内外の投資家からの要望とそれに基づき東京証券取引所が策定してきた上場会社向けのルール(の一部)の会社法への格上げであり、後者は、二〇〇五年会社法制定時に国会でされた附帯決議にもあるように、次の改正の機会の宿題とされてきたものである。これら二つのほかに、二〇〇五年会社法を運用してみて不都合が生じていた点についての改正とその後の実務界等からの改正要望に対応した改正事項もある(二〇一四年の改正事項については、表2-2参照)。

国会での審議

二〇一四年の会社法改正の審議の過程で議論が盛り上がった事項の一つに、上場会社等に社外取締役を置くことを会社法で強制すべきかという論点があった。この点について、二〇一一年一二月の法制審議会の部会の中間試案は、次のような三つの案を提示した。

表 2-2　2014 年改正による改正事項

(ア)企業統治に関する改正 1 監査等委員会設置会社制度の創設 2 社外取締役を置いていない場合の理由の開示 3 社外取締役・社外監査役の要件の改正 4 取締役・監査役の責任の一部免除制度の改正 5 会計監査人の選任等議案の内容の決定に関する改正 6 支配株主の異動を伴う募集株式発行等に関する改正 7 仮装払込みによる募集株式の発行等の規律の改正 8 新株予約権無償割当てに関する割当通知についての改正
(イ)親子会社に関する改正 1 子会社等・親会社等の定義の創設 2 株主代表訴訟制度に関する改正(多重代表訴訟制度の創設・組織再編の際の旧株主への代表訴訟原告適格付与) 3 企業集団の業務の適正を確保するために必要な体制の整備 4 親会社による子会社の株式等の譲渡に関する改正 5 特別支配株主の株式等売渡請求制度の創設 6 全部取得条項付種類株式の取得に関する改正 7 株式の併合に関する改正 8 株主総会決議取消しの訴えの原告適格の改正 9 株式買取請求権に関する改正 10 組織再編等の差止請求制度の創設 11 会社分割等における債権者保護(詐害的な会社分割における残存債権者の保護等・分割会社に知れていない債権者の保護)
(ウ)その他 1 株主名簿閲覧請求の拒絶事由の一部削除 2 募集株式が譲渡制限株式である場合等の総数引受契約の取扱い 3 監査役の監査の範囲に関する登記についての改正 4 人的会社分割時の準備金の計上に関する特則 5 発行可能株式総数に関する改正

A案　監査役会設置会社（公開会社であり、かつ、大会社であるものに限る）において、一人以上の社外取締役の選任を義務付けるものとする。

B案　金融商品取引法第二四条第一項の規定により有価証券報告書を提出しなければならない株式会社において、一人以上の社外取締役の選任を義務付けるものとする。

C案　現行法の規律を見直さないものとする。

A案とB案の違いは、社外取締役の設置を強制する会社の範囲の違いであり、A案は会社法上の会社区分を使うもので、B案は金融商品取引法に基づく有価証券報告書提出会社（上場会社に若干の会社を加えたもの）とするものである。A案のほうが範囲が広い。C案は社外取締役の設置強制はしないという案である。

この中間試案に対する各界からの意見は分かれた。そこで、その後の法制審議会の部会での審議の結果、結局、二〇一二年九月の法制審議会の要綱では、社外取締役の義務付けまではしないこととし、その代わり、有価証券報告書提出会社について、社外取締役を置くことを強く奨励することとして、社外取締役を置いていない場合は「置くことが相当でない理由」を事業報告で説明する等とすることとした。そしてさらに、法制審議会は証券取引所に対して上場会社に社外取締役の設置を奨励するルールを定めるよう次の附帯決議をした。

法制審議会の附帯決議　1　社外取締役に関する規律については、これまでの議論及び社外取締役の選任に係る現状等に照らし、現時点における対応として、本要綱に定めるもののほか、金融商品取引所の規則において、上場会社は取締役である独立役員を一人以上確保するよう努める旨の規律を設ける必要がある。

2　1の規律の円滑かつ迅速な制定のための金融商品取引所での手続において、関係各界の真摯な協力がされることを要望する。

これは、取引所の規制として上場会社に対して社外取締役を一人以上置くように要請することを、法制審議会から取引所に対して要望するというものであって、法制審議会のやり方としてはめずらしい例である（商法分野の法制審議会では附帯決議をするのは初めてであった）。しかし、第6章で述べるように、二〇〇九年末から、すでに東京証券取引所は「独立役員」制度を運用しており（他の取引所も同様の制度を導入している）、こうした規律を取引所の自主規制によって行うことは、従来の経緯からすれば自然な流れであるということができる。

その後、社外取締役を置いていない場合は「置くことが相当でない理由」を定時株主総会で説明することが国会に提出された法案に盛り込まれた。この定時株主総会で説明することを求める部分は、法制審議会の要綱にはなかった点であり、与党(自民党)での検討において法案に新たに付け加えられたものである(この社外取締役に関する二〇一四年改正は「コンプライ・オア・エクスプレイン」アプローチ(遵守するか、遵守しない場合は遵守しない理由を説明する)と呼ばれるが、このアプローチについては第6章で述べる)。

改正法案は、二〇一四年に通常国会で審議されたが、衆議院では、主としてこの社外取締役の設置強制の是非という点が議論の焦点となった。もともと国会では会社法で社外取締役の設置を強制すべきとの意見が一部で強く、民主党政権時代には自民党の一部にそうした意見が有力に存在し、自民党政権になってからは民主党の一部に設置強制の意見が有力に存在した。そのため、設置強制まではしない改正法案については、対案として、民主党から議員立法の形で設置を強制する法案が提出された。結局、政府提出法案が(ごくわずかな技術的な点を修正したうえで)可決された。

次は、衆議院の法務委員会での審議の一部である(二〇一四年四月一六日衆議院法務委員会会議録より抜粋。かっこは筆者が付したもの)。

日本維新の会・西田譲議員　（法務）大臣に今回の会社法改正の目的を改めてお伺いしたいと思うんですけれども、やはりこれだけ各省庁……から……、真っ向から反対するような御意見も寄せられた。そして、実際の実業界、産業界からも多種多様な意見が寄せられて、中には、A（案）とB（案）があったら、間をとって妥協しようじゃないかというような形での改正も見受けられます。果たして、そういった妥協や譲歩ということで今回のルールづくりがされたのが適正だと言えるのかなというふうな疑問も私は感じております。

そういったことも踏まえて、多種多様な意見がまださまざまある中でこれだという改正を出された、その目的を改めて大臣にお伺いしたいと思います。

谷垣禎一法務大臣　法務省が所管しておりますのは、いわゆる基本法制、民事でいえば民法、商法、あるいは民事訴訟法、刑事でいえば刑事訴訟法、刑法、こういったような基本法典を担当しているわけですが、恐らく、こういう基本法典を改廃するとなると、社会の一番基本的な仕組みをつくるわけですから、やはり相当大きな価値観の対立が出てくるのはしばしばだと思います。

実は私、閣僚を幾つかやらせていただきましたが、前にやらせていただいた財務省の仕事と法務省の仕事は随分違うなと思うことがしばしばでございます。

財務省の仕事は、最後、基本的に、国民からいただいた税をどう配分するかとか、あるいはどういうところから税をいただいてくるか、言ってみれば、経済的利害を、どこから出していただき、どこに配分していくかという最終的にはお金の話、言ってしまえばそうですね。ところが、法務省の仕事は、しばしばそういう一番基本的なルールをつくっていくについての価値観の対立が最後出てまいります。

どっちが難しいとも言えないんですが、極めて乱暴に申しますと、財務大臣の仕事は、金で解決がつくことなら俺がやる、解決つける、法務大臣の仕事は、けんかで解決がつくなら俺がけんかしてくるという、極端に言えばそのぐらいの違いがあるのかなと思っているところでございます。

それで、この会社法の分野は、平成一七(二〇〇五)年に改正をして、一八年からこの法律が行われているわけですが、その中で指摘されてきたことが二つございました。

一つは、もちろん会社法をつくったときからそうでございますが、やはり、日本の企業統治というのは改善の余地が非常にあるのではないかという問題意識がずっとございまして、それは日本の企業の、収益力も低い、あるいは株価も低迷しているという、内外の投資家の日本企業に対する不信感といいますか、もう一つ信頼が足らないというところがあって、それは、取締役、つまり会社の執行体制に対して、いろいろな観点からの意見が入ってきて、そこでもまれるということが少ないいんじゃないかという投資家の見方があったと思います。

それを今回は、社外取締役を活用することによって、そういう会社の執行体制に対する監督のあり方というものを改善できるのではないかということが、もちろん、いろいろそういう先ほど申しましたような価値観の対立がございましたけれども、一応このように整理して(会社法改正法案の)御提出ができたということであります。

それからもう一つは、親子会社といいますか、今の企業は非常に複雑になっておりますので、そういう企業結合法制といいますか、そういうあたりで、やはり足らざるものを今回入れていこうということでございまして、狙いといえばそういうことになるわけだろうと思います。

これで、日本の企業体質について国際的な内外の投資家からの信用が高まり、経済の効率が上がっていくことに資すればというふうに考えております。

このようにして衆議院で可決された法案は、参議院では、株式等売渡請求制度（第5章参照）における少数株主保護の施策を中心として議論がされたが、参議院でも可決され、前述したように、二〇一四年六月二〇日に改正法が国会で成立した。

二〇一四年改正の特徴

二〇一四年改正の特徴を機能的見地（表1-3参照）からいうと、三つある。それは規律の多様化、手続の横断的整備、エンフォースメント（法の実現）手段の多様化である。規律の多様化の例は、監査等委員会設置会社という新しい機関設計を導入したことであり（第3章で述べる）、二〇一五年五月末の時点で上場会社のうち一八〇社以上がこの監査等委員会設置会社に移行することを表明していたが、二〇二二年七月の時点では、東京証券取引所の上場会社三七七〇社のうち三七％にあたる一三九二社が監査等委員会設置会社となっており、非常に利用されているといえる。手続の横断的整備の例としては、全部取得条項付種類株式制度と株式併合制度について情報開示や少数株主保護の手続を組織再編（会社の合併や分割など）並に整備したことがあげられる（第5章参照）。そして、エンフォースメント手段の多様化の例としては、組織再編について差止請求制度を導入したこと（第5章参照）や、いわゆる多重代表訴訟制度を導入したことがあげられる（第3章参照）。

3　二〇一九年の会社法改正

二〇一四年会社法改正に係る改正法の附則（「見直し規定」と呼ばれる）に基づき、二〇一七年二月に法務大臣から法制審議会に対して会社法の見直しに係る諮問がされ、この諮問を受けて会社法制（企業統治等関係）部会が設置された。この部会は、一年半ほどの調査審議を経て、二〇一九年一月一六日に「会社法制（企業統治等関係）の見直しに関する要綱案」と「附帯決議」を決定した。この部会の要綱案と附帯決議は同年二月一四日に法制審議会において要綱案と附帯決議のとおりの内容で要綱の取りまとめと附帯決議がされ、法務大臣に答申された。その後、法務省において法案が作成され、二〇一九年一〇月一八日に会社法改正法案と整備法案が国会に提出された。これらの法案は、衆議院において一部修正のうえ可決され、参議院においてもこれが可決されて、改正法が成立した（二〇一九年一二月四日成立、同年一二月一一日公布）。この

表 2-3　2019 年改正による改正事項

(ア)株主総会に関する改正
1 株主総会資料の電子提供制度の導入
2 株主提案権に関する制限の導入

(イ)取締役等に関する改正
1 取締役の報酬等に関する改正
2 会社補償契約に関する規律の新設
3 会社役員賠償責任保険に関する規律の整備
4 業務執行の社外取締役への委託に関する規律の新設
5 社外取締役を置くことの義務づけ

(ウ)その他
1 社債管理補助者制度の導入
2 社債権者集会決議による社債の元利金の減免
3 社債権者集会決議の省略
4 株式交付制度の新設
5 その他(株主代表訴訟における和解に関する改正・議決権行使書面の閲覧等の制限・株式の併合等に係る事前開示事項の整備・登記に関する見直し・取締役等の欠格条項の削除とこれに伴う改正)

改正は、株主総会資料の電子化と登記関係事項の改正に関する部分を除いて、二〇二一年三月一日に施行され、株主総会資料の電子化と登記関係に関する部分は二〇二二年九月一日に施行されている。株主総会資料の電子化は、上場会社等については、二〇二三年三月以降に開催される株主総会から適用される(第3章参照)。

二〇〇五年の会社法制定後のまとまった改正としては、二〇一九年の改正は二〇一四年改正に次ぐ二度目のものである。改正の全体を通じての趣旨は会社法の洗練化ということができる。改正点のポイントは次のとおりである(二〇一九年の改正事項については、表2-3参照)。まず第一に、株主総会について、改正前会社法では株主総会資料は原則として郵送しなければならなかったが、改正後は、その電子化、すなわちウェブサイトでの株主総会資料の提供が認められることになる。ただし、株主は希望すれば書面での提供を請求することができる(第3章で述べる)。

第二に、取締役関係の改正事項としては、取締役の報酬等について、株主総会決議で定める場合の定め方などの改正前会社法の規律(指名委員会等設置会社を除く)が形式的で実態に必ずしも合わなかった点が改善された。そして、会社補償制度が新設され、さらに、会社役員賠償責任保険について、手続等の規律が新設された。

社外取締役の設置については、二〇一九年改正で株式に係る有価証券報告書提出会社について一人以上の設置が強制されることになった。その趣旨は日本の証券市場への信頼確保と説明されている。以上は、第3章で述べる。

第三に、社債の管理について、二〇一九年改正で、社債管理者を置かない社債について、社債管理者よりも裁量が限定された社債管理補助者の制度が新設された(第4章で述べる)。

第四に、株式交付と呼ぶ制度が新設された(第5章で述べる)。

最後に、会社法の改正とは別に法制審議会で附帯決議がされた事項として、会社の代表者の住所の登記がある。登記情報を取得・閲覧するには登記事項証明書を取得する方法とインターネットを通じて登記情報をオンラインで閲覧する方法があるが、一定の場合には代表者の住所が記載された登記事項証明書を取得することはできなくなる。また、インターネットを通じて代表者の住所をオンラインで閲覧することはできなくなる。本書刊行時には未だ実現していない。

第3章　株式会社の機関

1　なぜ法は株式会社に機関を要求するのか

会社法のポイント

機関（それが何かはすぐ次に述べる）というのは、株主総会、取締役、代表取締役などをいう。機関についての会社法の規律は、第1章と第2章で述べた「ガバナンス」の規律であり、会社法の考え方は、これも第1章と第2章で述べたように、一言で言えば「多様化」である。

二〇〇五年会社法による一番大きな改正は、有限会社と株式会社とを一つの会社類型に統合することに合わせて、機関設計についてのルールを大幅に見直して、最低限度の機関設計だけを要求することとし、一定のルールのもとで、原則として、それぞれの会社が任意に各機関（取締役会、監査役および監査役会、会計参与、会計監査人、三委員会〔指名委員会・監査委員会・報酬委員会〕と執行役）を設置できるとしたことである（図3-1、後掲図3-2も参照）。

その他にも、二〇〇五年会社法では多数の項目について改正がされたが、重要なものとして、IT化・内部統制システムの義務付け（大会社）、事業報告（それまでの営業報告書に該当するもの）による開示（一定の情報提供を強制する制度）の充実、取締役会による配当決定の許容、取締役等

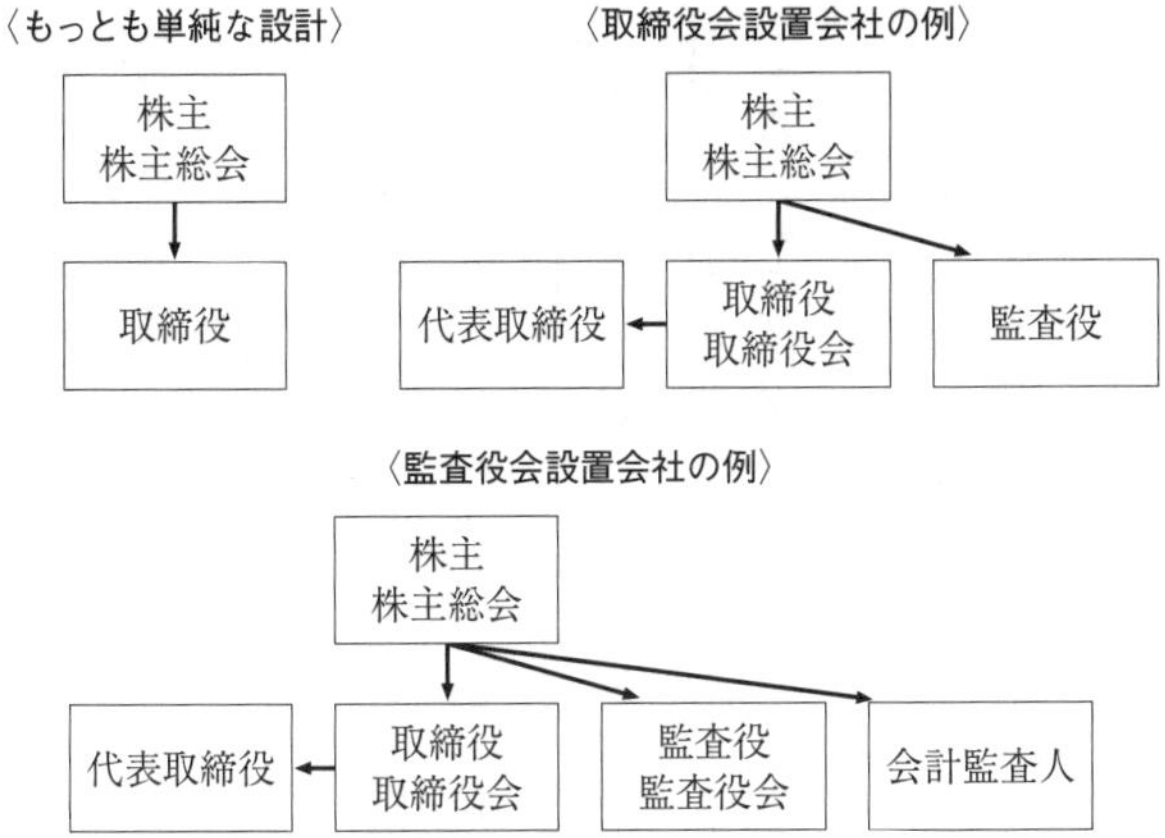

図 3-1　機関設計の典型例

の責任の過失責任化をあげることができる。これらについては、本節の後半で簡単に述べる。

二〇一四年改正は、監査等委員会設置会社という新しい機関設計を導入するなど、会社法の多様化路線を引き継いでいる。

二〇一九年改正では、株主総会関連事項として、株主総会資料の電子化、株主提案権の一部制限、そして、取締役関連事項として、社外取締役設置の義務化、取締役の報酬に関する規律の改正、会社補償制度の新設、いわゆるD&O保険に関する規律の新設などが行われたが、いずれも後の該当箇所で簡単に述べる。

本書は株式会社について取り上げるものであり、以下では株式会社を単に会社と略称することがある。

機関とは

機関というのは、法の技術(テクニック)である。会社は法人であるから、自ら意思を有し行為をすることはできない。そこで、一定の自然人または会議体のする意思決定や一定の自然人のする行為を会社の意思や行為とすることが必要になる。このような自然人または会議体を会社の「機関」と呼ぶ。

機関についての会社法のルールは複雑である。

株式会社の場合、株主総会、取締役、代表取締役など、複数の機関があり、会社法はどれがどのような権限をもつのかを定めている。

なぜそもそも機関についてこうも複雑なルールを設けなければならないのかは自明ではない。株式会社以外の形態(たとえば、民法上の組合など)では機関についての法の介入ははるかに簡素である。あとは当事者が自由に設計することができる。二〇〇五年会社法は、それまでと比べると、設計の自由は拡大したが、それでも多くの介入をしている。その理由を端的に言えば、株主を保護するためであるが、第1章で述べたように、株式会社の特徴を最大限発揮するためには、法がある程度介入しなければならないというのが、歴史の教えるところだということである。

株式会社の場合には、多数の株主が存在することを想定しているため、株主は会社の所有者であるといっても、株主自らが会社の経営に直接関与することは不可能であり、適切でもない。そこで、会社法は、株主自身は、定時または臨時に株主総会を開いて、基本的な事項について会社の意思を決定し、これらの基本的事項以外の会社の経営に関する事項の決定と執行をさせるために取締役を選任することとしている。

典型的な株式会社では、取締役は全員で取締役会を構成し、取締役会は会社の業務執行（会社の事業の遂行）に関する意思決定をするとともに、代表取締役を選定して、代表取締役が業務を執行し、対外的に会社を代表する。もっとも、日常的な事項については取締役会から代表取締役に意思決定も委譲される。

他方、株主総会は取締役の選任権と解任権によって取締役を監督するほか、個々の株主（単独株主権）または一定株式数・一定議決権数を有する株主（少数株主権）に株主総会の決議や取締役の業務執行を監督是正する権限を認めている。

さらに、一定の株式会社では、株主総会は監査役を選任して取締役の仕事を監査させる。また、大会社など一定の株式会社では、監査役全員が監査役会を構成し、監査役会が監査権限の一部を担当したり、会計監査人を設置して会計監査人が会計監査を行うなどのバラエティがある。また、すべての株式会社において会計参与の設置が可能である。

会社法における機関設計

会社法は、機関設計について、規模の大小と公開性の有無で規律を分けている。そこでまず、規模の大小を決める基準である「大会社」と公開性の有無を決める基準である「公開会社」という概念を述べなければならない。

「大会社」とは、二〇〇五年改正前商法と同じ定義であり、資本金五億円以上または負債の総額が二〇〇億円以上の株式会社をいう（貸借対照表上の数字で決める）。規模が大きい会社のことである。これに対して、「公開会社」の定義は、日常にいう意味と異なるので注意する必要がある。通常は上場会社等を意味することが多いが、会社法は、定款に株式譲渡制限の定めがある株式会社かどうかを基準として、すべての種類の株式について譲渡制限がある株式会社以外の株式会社を公開会社と定義している。すべての種類の株式について譲渡制限がない会社はもちろん、一部の種類の株式についてだけ譲渡制限がある会社も公開会社となる。本書では、公開会社でない株式会社のことを「非公開会社」と呼ぶが、正確には「全株式譲渡制限会社」とでも呼ぶべきである。むしろ「非公開会社」を「譲渡制限会社」と定義したほうがわかりやすいが、大多数の中小会社はこれに属することになるので、名前の聞こえが悪いという理由で、逆から定義することとし、そうでない会社を公開会社と定義することとした。なお、一部の種類の株式にだけ譲渡制限がある会社は従来は存在せず、会社法のもとで新しく認められるに至ったものなので、特別な場合を除いてそのような会社はあまり登場しないと推測される。したがって、当面は公開会社とは株式譲渡制限がない会社と考えておけばよい。

さて、機関設計に関する会社法の基本的なルールは次のとおりである。

①すべての株式会社は株主総会と取締役が必要。

②公開会社(全株式譲渡制限会社以外の会社)は取締役会が必要。

③取締役会を置いた場合(任意に置いた場合を含む)は、監査役(監査役会を含む)、監査等委員会、三委員会・執行役のいずれかが必要。ただし、例外として、大会社以外の非公開会社で会計参与を置いた場合は別である。なお、監査役(監査役会を含む)、監査等委員会、三委員会・執行役は、いずれかしか置くことはできない。また、監査等委員会を置く会社を監査等委員会設置会社、三委員会・執行役を置く会社を指名委員会等設置会社というが、これら以外の大会社で公開会社である会社は監査役会が必要である。

④取締役会を置かない場合は、監査役会、監査等委員会、三委員会・執行役を置くことはできない。

⑤大会社、監査等委員会設置会社、指名委員会等設置会社では、会計監査人が必要。

⑥会計監査人を置くためには、監査役(監査役会を含む)、監査等委員会、三委員会・執行役のいずれか(大会社かつ公開会社では監査役会、監査等委員会、三委員会・執行役のいずれか)が必要。

以上のルールのもとで選択可能な機関設計は表3-1、表3-2のとおりである。各会社は選択した機関設計を定款で定め、登記する。

表3-1を見るとずいぶん選択肢が多くて迷いそうであるが(選択肢は、二〇〇五年会社法では二〇種類、二〇一四年改正後は二四種類もある)、よく見ると、会社法がどのように変わったかがわかる。

まず、「大会社かつ公開会社」での選択肢は、二〇〇五年改正前商法のもとでの選択肢と変わっていない。ほとんどの上場会社など大規模な株式会社はここに属するので、改正はほとんどなかったといえる。

続いて、「大会社かつ非公開会社」を見ると、会社法では、監査役会を設置しない道が認められたことになる。これは、たとえば一〇〇%子会社などで規模が大きいために大会社に該当するような場合、二〇〇五年改正前商法では必ず監査役会を置かなければならなかった(しかも半数以上は社外監査役で一名以上常勤監査役)。こういう会社は結構存在するが、この規制は負担だし、必要もない。そこで、会社法では、そのような会社は定款で全株式譲渡制限を定めれば(非公開会社になれば)、監査役会を置かなくてもよいことになった。

次に、規模が大きくない「非大会社」では、二〇〇五年改正前商法における有限会社や中小規模の株式会社での機関設計ルールをほぼ引き継いでおり、どちらを選んでもよいというのが

表 3-1　機関設計の選択肢①

株式譲渡制限	規模	
	非大会社	大会社
譲渡制限あり ＝非公開会社 （＝全株式譲渡制限会社）	取締役○ 取締役＋監査役○○■ 取締役＋監査役 ＋会計監査人 取締役会＋会計参与※ 取締役会＋監査役●■ 取締役会＋監査役会 取締役会＋監査役 ＋会計監査人 取締役会＋監査役会 ＋会計監査人▲★ 取締役会＋監査等委員会 ＋会計監査人★★ 取締役会＋３委員会等 ＋会計監査人▲★★★	取締役＋監査役 ＋会計監査人 取締役会＋監査役 ＋会計監査人 取締役会＋監査役会 ＋会計監査人●★ 取締役会＋監査等委員会 ＋会計監査人★★ 取締役会＋３委員会等 ＋会計監査人●★★★
譲渡制限なし ＝公開会社	取締役会＋監査役● 取締役会＋監査役会 取締役会＋監査役 ＋会計監査人 取締役会＋監査役会 ＋会計監査人▲★ 取締役会＋監査等委員会 ＋会計監査人★★ 取締役会＋３委員会等 ＋会計監査人▲★★★	取締役会＋監査役会 ＋会計監査人●★ 取締役会＋監査等委員会 ＋会計監査人★★ 取締役会＋３委員会等 ＋会計監査人●★★★

注1）★＝監査役会設置会社，★★＝監査等委員会設置会社，★★★＝指名委員会等設置会社（「3委員会等」＝指名委員会＋監査委員会＋報酬委員会＋執行役）
注2）すべての株式会社で，会計参与の設置は任意に可能（※は選択的必置）
注3）■監査役の権限を会計監査に限定可
注4）●2005年改正前商法が株式会社について要求，▲2005年改正前商法では「みなし大会社」が選択可，○有限会社法が要求，○○有限会社法が許容，これら以外＝会社法で選択可（★★は，2014年改正で新設）
注5）株主数の基準：有限会社法基準（50人）は会社法で廃止，1000人基準は残る

表 3-2　機関設計の選択肢②

	設置強制	任意設置	
取締役会設置会社	公開会社	○	取締役 3 名以上
会計参与設置会社		○	
監査役設置会社	取締役設置会社(監査等委員会設置会社・指名委員会等設置会社を除く)*	○	
監査役会設置会社	公開会社かつ大会社(監査等委員会設置会社・指名委員会等設置会社を除く)	○	監査役 3 名以上。半数以上は社外監査役，1 名以上は常勤監査役
会計監査人設置会社	大会社・監査等委員会設置会社・指名委員会等設置会社	○	
監査等委員会設置会社	取締役会設置会社(監査役設置会社・監査役会設置会社・指名委員会等設置会社を除く)	○	
指名委員会等設置会社	取締役会設置会社(監査役設置会社・監査役会設置会社・監査等委員会設置会社を除く)	○	3 委員会(指名委員会・監査委員会・報酬委員会)と執行役

* 非公開会社では，会計参与を置いた場合は監査役設置は強制されない

ポイントである。これに加えて、会社法では、監査役会を置いたり、会計監査人を置いたりする道を認めた。このように見ると、選択肢が多いといっても、わけがわからないほど多いというわけではないし、二〇〇五年以前からそれほど大きな変更があるわけでもない。

　そして、二〇一四年改正により、新しく監査等委員会設置会社が導入されたため、選択肢が四つ増えることとなった(本章第5節で述べる)。

戦後の歴史

機関設計に関する戦後の改正の

歴史を概観しておこう。

商法（会社法の部分）は、当初は監査役に取締役の職務全般を監査する権限を与えていたが、一九五〇（昭和二五）年改正で、アメリカ法を参考として取締役会の制度を新設し、取締役会が代表取締役の業務執行を監督することを期待し、監査役の権限を縮小して会計監査だけに限定した。しかし、この取締役会の監督は機能せず、他方で、証券取引法（二〇〇六年改正で法律の題名が金融商品取引法と改められた）が上場会社等の財務諸表について公認会計士または監査法人による会計監査を強制したため、証券取引法適用会社では、それと商法の監査役の監査とが重複するという問題が生じた。

そこで、一九七四（昭和四九）年改正は、株式会社の監査制度について抜本的な改正を行った。まず、商法の一般的制度としては、監査役は会計を含む取締役の業務執行全般について監査することとし（業務監査という）、監査役に多くの権限を付与した。次に、商法特例法（株式会社の監査等に関する商法の特例に関する法律）を制定して、大会社については、公認会計士または監査法人を会計監査人として決算の監査を要求し（株主総会前の事前監査である点で証券取引法が要求する監査と異なる）、これに対応して監査役の権限を会計監査人の監査の相当性をみるというふうに変容する一方で、小会社（資本金一億円以下の株式会社。会社法でこのジャンルは廃止）については、監査役の権限を改正前どおり会計監査だけに限定し、それ以外の業務監査には及ばないこととした。

その後、一九八一(昭和五六)年改正は、監査役の権限と独立性を強化し、また大会社について複数監査役・常勤監査役の制度を新設し、監査体制の充実を図った。さらに一九九三(平成五)年改正は、監査役の任期を原則二年から三年に伸長し、大会社については、三人以上の監査役の設置を強制して、そのうち最低一人は社外監査役であることを要求するとともに、監査役会制度を導入していくつかの権限を監査役から監査役会に移した。そして二〇〇一(平成一三)年一二月改正は、監査役の任期を四年に伸長し、大会社につき社外監査役の要件を強化して必要員数を半数以上と増加するなど、監査役制度を一層強化した。そして、二〇〇五年会社法は監査役の権限をさらに一部強化した。

以上の結果、日本の株式会社の監査制度は、会社の規模によって異なる複雑な制度となっており、諸外国の制度と比較してもユニークな制度となっている。

二〇〇二年改正は、大規模会社向けに、アメリカ型を参考として、社外取締役を置いて監査役を置かない「委員会等設置会社」(二〇一四年改正後の名称は「指名委員会等設置会社」)というタイプの会社を新しい選択肢として創設し、二〇一四年改正は、やはり社外取締役を置いて監査役を置かない「監査等委員会設置会社」というタイプの会社を創設した。これらの採用は各会社の任意である。

二〇〇五年会社法は、任意に会計監査人を設置できる会社の範囲を拡大し、さらに会計参与制度を設けた。とくに中小会社については、会計帳簿の正確・適時な作成要求と決算公告の強制に加えて、「小会社」制度を廃止して監査役の権限は業務監査を原則とすることとした。さらに、採用は各会社の任意ではあるが、この会計参与の制度により、計算の適正が図られることを期待した。

会計参与は、公認会計士・監査法人または税理士・税理士法人に限られ（会社の顧問税理士もなれる）、取締役（指名委員会等設置会社では執行役）と共同して、計算書類等を作成する者であり、その設置は、会社の任意である（一部例外的場合を除く）。会計参与は、監査する人ではない。計算書類等を作成する人である。したがって、経理担当の取締役と呼んでもよさそうな存在であるが、会計士または税理士でなければならないところが重要である。この制度が利用されることになるかどうかは、銀行等の金融機関が中小企業に融資する際に会計参与の設置を求めるかどうかにかかっていると言われてきたが、これまでのところ、あまり普及していない。

その他の改正

二〇〇五年会社法における機関についてのその他の改正事項を簡単に述べておこう。

第一に、ＩＴ対応として、株主総会に際して株主に送る書類の多くをウェブ開示すれば実際に送らなくてよいとした（各株主の事前の同意がいるものとそうでないものがあるが詳細は省略する）。第二に、大会社である取締役会設置会社に内部統制システムの設置を義務付けた。第三に、株式会社は事業報告という書類を作らなければならないが、その中で内部統制システムの状況のほか、会社の支配に関する基本方針等（買収防衛策を含む）や社外役員についての事項を開示することを求めた（開示の充実）。第四に、これまでは、配当は株主総会で決定しなければならなかったが、会社法では、取締役の任期を一年とするなどの要件を満たせば、取締役会決議で配当を決められることになった。第五に、取締役等の役員個人の会社に対する損害賠償責任を原則として過失責任化した。取締役等は任務懈《け》怠《たい》等があって会社に対して損害賠償責任を負う場合であっても過失がなかった場合には責任を免れることとなった。第四と第五の事項は、二〇〇二年改正で指名委員会等設置会社（当時は「委員会等設置会社」）についてはすでに認められていたが、伝統的な監査役会設置会社等には認められておらず不均衡が生じていた。そこで会社法は指名委員会等設置会社以外の会社についてもこれらを認めることとした。

二〇一四年改正は、以上の点をさらに推し進めている。そして、社外取締役の設置を強く奨励した。そして、二〇一九年改正は、社外取締役の設置を強制することとした（後述）。

まとめ

上場会社などの大規模会社の場合、機関についての法の考え方の潮流として、次の二点をあげることができる。第一に、所有（株主）と経営（取締役等）の制度的分離を進め、経営権を代表取締役等に集中し、株主はその選任と解任だけを決める（その他は定款変更や合併などの大きな変更の場合にだけ決定に参加する）。取締役等は、広い裁量権を与えられ、事業経営に際しては原則として過失責任である。つまり、過失がなければ責任を負わない。経営にはリスクがつきものであり、過失がない場合にまで結果責任を負うのは適切ではないからである。ただし、広い裁量をもって経営するといっても内部統制システムを整備しなければならない。これを整備していれば、仮に従業員による違法行為等があったような場合であっても取締役は個人責任は負わない。第二に、そうした経営を監査・監督する仕組みとして、取締役会のほか、監査役や会計監査人を置いて、これらの機関による監査・監督が機能することを期待する。

これに対して、中小会社の場合は、こうした機関設計は、そのほとんどが会社（したがって株主）の自由である。利害関係者も少ないので法が介入する必要性が少ないからである。

2　株主総会とは何か

毎年六月になると株主総会開催のニュースが新聞紙上をにぎわす。日本では上場会社が約三九〇〇社あるが、多くの会社は、先進諸国(一二月決算が多い)と異なり、三月決算としている。その意味は、四月一日から翌年三月三一日までを事業年度と定めているという意味である。そして、三月三一日(決算期という)の株主名簿上の株主にその事業年度に関する定時株主総会での議決権の行使を認め(三月三一日を基準日という)、株主総会は六月末までに開催する。上場会社等では株主は日々変動するので、どこかの時点での株主を固定してその時点での株主に議決権行使を認めることにしないと収拾がつかない。これが基準日という制度である。ではなぜ株主総会は六月なのか。それは会社法が基準日の効力を三か月以内と定めているからである。

日本で六月下旬に株主総会が集中する理由はここにある。

もっとも、会社法上、三月決算の会社でも定時株主総会における株主の議決権行使の基準日を三月末と定めなければならないわけではなく、たとえば四月以降の日を基準日と定めることも可能である。そうすれば株主総会は七月以降に開催することが可能となる。近年はそのようにすべきとの意見も一部で見られるし、コロナ禍において実際にそうした上場会社もみられる。

株主総会とは何か

株主総会とは、株主の総意によって株式会社の意思を決定する機関である。

本来であればすべての事項について決定できそうに思えるかもしれない。しかし、会社法は、取締役会設置会社以外の会社(二〇〇五年改正前商法の有限会社タイプの中小の会社を想定)では株主総会を「万能の」機関とするが、取締役会設置会社では、会社の合理的運営を確保するため、所有と経営の制度的分離を進め、株主総会は基本的事項だけを決定する機関であるとしている。

株主総会の権限は、会社の意思決定に限られる。決定したことを実行すること(執行という)はできない。執行は取締役(指名委員会等設置会社では執行役)がする。そして、株主総会の意思決定の権限は、取締役会設置会社では、原則として法律上定められた事項に限られる。それは、①取締役・監査役などの機関の選任・解任に関する事項、②会社の基礎的変更に関する事項(定款変更、合併・会社分割、解散等)、③株主の重要な利益に関する事項(剰余金配当、株式併合等)、④取締役にゆだねたのでは株主の利益が害されるおそれが高いと考えられる事項(取締役の報酬の決定等)である。これら以外の事項の決定は、取締役会にゆだねられる。しかし、取締役会設置会社でも、定款で定めれば、法定事項以外の事項を株主総会の権限とすることも認められる。

取締役会設置会社についても定款による総会の権限の拡大を認めるのは、中小会社を念頭に置いたものと考えられる。右のうち、③④は立法論としては別の考え方もありうる。実際、たとえばアメリカの州会社法では、剰余金配当と取締役の報酬の決定は株主総会の権限ではない。日本でも会社法で剰余金配当の決定は、定款でその旨を定め、取締役の任期を一年とし(原則は二年である)、また計算書類について会計監査人の無限定適正意見があるという条件を満たせば取締役会決議でできることになった。大規模会社では株主総会のすることは縮小傾向にある。

もっとも、実務では、上場会社において、買収対抗策としての新株予約権無償割当てを定款を変更して株主総会の権限としたうえで株主総会で決定し実行した例がある（二〇〇七年のブルドックソース社の例）。近年は、主として買収対抗措置について、上場会社等で、会社法上は株主総会の権限外である事項を株主総会で「決議」することが行われ、これは勧告的決議とか株主意思確認決議などと呼ばれている。その法的意味をどう考えるべきかについては意見が分かれているが、こうした決議の有無は、買収対抗措置の適法性をめぐる裁判において裁判所の判断に影響を及ぼす（第5章で述べる）。

株主総会の招集

株主総会には、前述した三月決算の会社であれば通常は六月に開催する定時総会と、必要に応じて開催される臨時総会がある。

株主総会は、取締役（指名委員会等設置会社では執行役）が株主を招集して開催する。

株主総会の招集は、株主に出席の機会と準備の期間を与えるため、招集通知を株主（議決権を行使できない株主を除く）に対して総会の日の二週間前までに（非公開会社では原則一週間前まで。取締役会設置会社以外では定款でさらに短縮可）発しなければならない。招集通知時には、計算書類と事業報告（そして監査報告・会計監査報告）を提供する。また、書面投票・電子投票を採用する株主総会と議決権を有する株主が一〇〇〇人以上の会社のすべての株主総会では、招集通知時に、議決権行使のための株主総会参考書類と、議決権行使書面またはその電磁的手段を交付する。これらの一部については、二〇〇五年会社法はウェブ開示制度といって、ウェブサイトで提供すれば現実に送らなくてもよいという道を認め、その限りで大企業にとってはコスト節約となった。ただし、右の多くの資料は、各株主の事前の同意があった場合にだけ紙で送らなくてウェブ開示でよいとしていた。

株主総会資料の電子提供制度

二〇一九年改正は、株主総会資料（株主総会参考書類・議決権行使書面・計算書類および事業報告・連結計算書類）の電子提供制度を新設した。この制度は、インターネットの利用による株主総会資料の提供を促進するため、会社は、株主総会資料を自社のホームページ等のウェブサイトに掲載し、株主に対してそのウェブサイトのアドレス等を書面により通知した場合には、株主の個別の承諾を得ていないときであっても、会社が株主に対して株主総会資料を適法に提供したものとする制度である。改正の施行は二〇二二年九月であるが、上場会社等については二〇二三年三月の株主総会から適用される。

会社が株主総会資料の電子提供制度を採用するためには、定款の定めを要する。振替株式を発行する会社は電子提供制度の採用が義務づけられる。これにより、上場会社には電子提供制度の採用が義務づけられることとなる。また、そのような会社において定款変更決議をする負担を軽減するために、改正法の施行日において電子提供制度採用の定款変更決議がされたものとみなすこととされている。

電子提供措置開始日は、「株主総会の日の三週間前の日又は株主総会の招集の通知を発した日のいずれか早い日」とされているが、証券取引所のルールとして早期開示が要請されている。なお、金融商品取引法に基づいて有価証券報告書を提出する株式会社は、同法に基づく電子公衆縦覧制度であるＥＤＩＮＥＴによりその提出がされるが、そこにおいて定時株主総会に係る株主総会資料を提供する場合は、それをもって会社法のもとでの電子提供がされたものと取り扱われる（議決権行使書面を除く）。

株主総会資料の電子提供措置を採用する会社では、株主に書面での株主総会資料の提供を求める権利（書面交付請求権）が認められる。定款で書面交付請求権を排除することは認められない。ただし、電子提供措置事項のうち法務省令に定めるものの全部または一部については、交付する書面に記載することを要しない旨を定款で定めることができるとされ、実際にはこの旨の定款の定めを置く会社が増えると推測される。

株主総会の開催地として、二〇〇五年改正前商法では、定款に別段の定めがある場合を除いて本店所在地またはその隣接地で開催しなければならないと定めていた。会社法ではこの規定は削除された。したがって、どこで開催してもよさそうにみえるが、株主に著しく不便な場所で開催したような場合は、違法となる。また、実際には、総会の会場に予想以上の多数の株主が来た場合に別の部屋(第二会場)に収容して本来の会場(第一会場)とビデオで中継する例もある。この場合でも出席した株主との双方向でのコミュニケーションが確保されていれば適法である。会社法では、第一会場を東京、第二会場を大阪とするような開催も認められる。

なお、二〇二一年の産業競争力強化法の改正により、一定の手続と条件のもとで、いわゆるバーチャルオンリー株主総会(場所の定めのない株主総会)の開催が認められるに至っている。

株主提案権

株主提案権は、会社が招集する株主総会において株主が議題の追加や自分の提案を総会の招集通知に記載してもらう権利等を意味するが、近年その濫用的行使が問題となり、それを防止するため、二〇一九年改正は、取締役会設置会社において株主が議案要領通知請求権を行使して同一の株主総会に提案することができる議案の数を一〇に制限する改正が行われた(一〇の数え方について細かなルールが定められているが、省略する)。

株主総会での議決権

個々の株主の株主総会における議決権の数は、一株について一個の議決権である。ただし、単元株式制度（株式の一定数をまとめたものを一単元とし、株主の議決権は一単元に一個とする制度）を採用している会社では一単元について一個の議決権であり、上場会社のほとんどがこの単元株式制度を採用している。いずれにせよ、一人一票ではない。株式会社の特徴である。この「一株（または一単元）一議決権ルール」の例外は、法が定めた場合にだけ認められる（詳細は省略するが、たとえば、会社が保有する自己株式に議決権はない）。

株主総会での議事と決議の方法

議事の方法については会社法はとくに定めていないので、定款または慣習による。議事の運営は議長が行う。議題は招集通知に記載された事項に限られるが、延期・続行の決議はすることができる。議事については議事録を作る。取締役・会計参与・監査役・執行役は、株主総会において株主が質問した特定の事項について説明する義務を負うので、これらの者は総会に出席する義務があることになる。会計監査人は、定時総会で出席を求める決議がされたときは、出席して意見を述べなければならない。

決議は多数決によって行われるが、その要件は決議事項により異なる。

(1)**普通決議**　特別の要件が法律または定款で定められていない場合の決議で、議決権を行使することができる株主の議決権の過半数を有する株主が出席し(定足数)、その出席株主の議決権の過半数で決定する。この定足数は定款で軽減・排除することができ、多くの会社では定足数を完全に排除し、単に出席株主(人数は問わない)の議決権の過半数で決めることとしている。

ただし、例外として、役員(取締役・会計参与・監査役)の選任・解任(監査役の解任と累積投票で選任された取締役の解任を除く。これらは特別決議事項)その他一定の決議については、定足数の定款による引下げは議決権を行使することができる株主の議決権の三分の一までにしかできない(なお、決議要件を定款で引き上げることも認められる)。

(2)**特別決議**　一定の重要な事項の決議(合併の承認など法に列挙されている)は、議決権を行使することができる株主の議決権の過半数を有する株主が出席し(定足数)、その出席株主の議決権の三分の二以上の多数で決定するが、この定足数は、定款で三分の一まで軽減することができ、他方、決議要件である三分の二基準は定款で引き上げることが認められる。

(3)**特殊決議**　右の特別決議以上に厳重な要件の決議がある。

なお、取締役の責任全額免除等には株主全員の同意が必要であるが、全員の同意がある場合は必ずしも総会を開く必要はない。

3　取締役・取締役会とは何か

取締役・取締役会と役員

取締役とか取締役会というのは、会社という法人の意思を決定し、それを実行する機関の一つである。

会社法では、取締役・会計参与・監査役を「役員」といい、これらの役員と会計監査人は株主総会の決議で選任する。

会社と役員および会計監査人との法的関係は委任関係である。その意味は、役員や会計監査人は会社に対して民法の委任に関する規定が定める「善良な管理者としての注意」をもって仕事をする義務（善管注意義務という）を負うということである。何が具体的にそれなのかは長い歴史の中で注意義務のレベルがおおむね明らかになってきているとしか言いようがない。

取締役とは

取締役は、株主総会で選任される。なお、監査等委員会設置会社では、監査等委員である取締役とそれ以外の取締役とは別々に株主総会で選任する。

取締役は会社法上一定の資格制限がある。員数は、取締役会設置会社では三人以上必要である（なお、監査等委員会設置会社では、監査等委員である取締役は、三人以上で、その過半数は、社外取締役でなければならない）。取締役の任期は二年である。例外として、非公開会社では、定款により一〇年まで伸長することができる。中小会社向けの特例である。また、監査等委員会設置会社の取締役（監査等委員以外）と指名委員会等設置会社の取締役は一年、会計監査人設置会社で定款により剰余金配当等の権限を取締役会に与えた場合も一年である。監査等委員会設置会社の監査等委員である取締役の任期は二年で、定款や総会決議で短縮できない。

社外取締役とは

第2章で触れたように、二〇一四年改正は、社外取締役について大きな改正を行った。まず、社外取締役の資格要件について、会社法は細かな定義を置いている。二〇一四年改正前は、会社または子会社の取締役・使用人等でなく、過去にもそうでなかったことを資格要件としていたが、二〇一四年改正で改められた。一方で、要件が強化され、親会社等の取締役・使用人等でないことと近親者でないことが資格要件に追加された。他方、この雇用関係の不存在に関する過去要件（不存在が就任前何年あればよいか）は緩和され、一〇年間空白期間があれば社外取締役になれることとなった。この過去要件は、二〇〇一年一二月改正前は五年とされていたのが

（ただし当時は社外監査役について）、同改正で撤廃され、二〇一四年改正で一〇年として復活したことになる。

近年は「独立社外取締役」という言葉もよく使われる。社外取締役に期待される機能が発揮されるためには「社外」性だけではなく「独立」性が求められるべきとの考え方である。一般に、独立性の要件としては、雇用等関係の不存在・親族関係の不存在・取引関係（経済的利害関係）の不存在の三つが要求されるが、会社法では、二〇一四年改正後も、最後の点は社外取締役の要件とはされていない。しかし、上場会社は、取引所の規制によりこれをも満たす「独立」役員を置いて届け出ることが要求される（第6章参照）。

社外取締役設置の強制

第2章で触れたように、二〇一四年会社法改正は社外取締役の設置を強制するところまではしなかったものの、社外取締役の設置を強く推奨した。二〇一四年改正の附則に基づいて検討がされた結果、二〇一九年改正によって有価証券報告書提出会社について一人以上の社外取締役の設置が強制されることになった。その趣旨は日本の証券市場への信頼確保と説明されている。また、会社法のもとでは社外取締役は業務執行をすると社外資格を失うため、社外取締役のする行為が業務執行に該当するか否かは重大な問題である。二〇一九年改正は、社外取締役の機能の充実を期待して、いわゆるセーフハーバールールとして、一定の場合に一定の手続等のもとで会社が業務執行を社外取締役に委託することを認める規定を新設した。なお、これらを含めてコーポレートガバナンスに係る規律については、会社法だけでなく金融商品取引法と証券取引所の規則（コーポレートガバナンス・コードを含む）が重要であり、実務上は制度全体を見失わないよう留意する必要がある。

第6章で述べるが、政府の成長戦略に関する閣議決定である「日本再興戦略」（二〇一三年制定・二〇一四年改訂）を契機として策定された「コーポレートガバナンス・コード」（証券取引所の上場会社向け規制として、二〇一五年六月一日施行、二〇一八年と二〇二一年に一部改訂）では、上場会社について、少なくとも二人（プライム市場上場会社では三分の一以上）の独立社外取締役の設置をコンプライ・オア・エクスプレイン規範として求めている（コンプライ・オア・エクスプレイン規範として適用されるのは東京証券取引所でいえば本則市場（一部・二部市場）の上場会社（二〇二二年四月以降はプライム市場とスタンダード市場の上場会社）であり、また、規範を実施しない場合における理由の説明はコーポレート・ガバナンス報告書で行う。規範を実施せず、かつ、理由の説明もしないと、上場規則違反となる）。

また、二〇〇九年一二月に導入された東京証券取引所の上場規則に基づく独立役員制度という制度があり（他の取引所も同じ）、これは、東京証券取引所が、一般株主保護の観点から、上場会社に対して、独立役員(一般株主と利益相反が生じるおそれのない社外取締役または社外監査役)を一人以上確保することを企業行動規範の「遵守すべき事項」として規定し、また、その遵守状況を確認するため、上場会社に取引所への「独立役員届出書」の提出を求めるという制度であるが、この制度は、引き続き存続している。ただし、独立性に関する情報開示制度が、二〇一四年の会社法改正に合わせて、改められている。なぜ制度がここまで複雑になってしまっているのかについては、第6章で述べる。

社外取締役の役割は何か

社外取締役もそうでない取締役も、取締役としては同じであり、会社法上は、取締役として善管注意義務・忠実義務その他の義務を負い、取締役に関する規律に服する。しかし、社外取締役である以上、期待される役割があるはずである。それは何か。この問いは難問であって、先進諸国でも過去の経験を経てさまざまな意見がある。一言で言えば、社外取締役に期待される役割は、経営の監督ということである(なお、二〇一四年改正で監査等委員会設置会社が導入された後は、株主総会に提案する取締役候補者の指名および取締役の個人別報酬の決定も監督権限の重要な一部と解する見解が多い)。諸外国における近年の考え方としては、監督と執行を分離し、取締役会の役割は監督を中心とするという考え方(モニタリング・モデルと呼ぶことが多い)が主流となっている。そして、この場合の監督とは、業績ないし経営の評価を意味する。そこで、二〇一四年改正を審議した法制審議会の会社法制部会では、社外取締役の機能を取締役会の監督機能の充実という観点から整理して、経営全般の監督機能と利益相反の監督機能とに区分して審議がされた。

この点について、コーポレートガバナンス・コードの原則４‐７は、次のように述べている。

原則４‐７　独立社外取締役の役割・責務

上場会社は、独立社外取締役には、特に以下の役割・責務を果たすことが期待されることに留意しつつ、その有効な活用を図るべきである。

(ⅰ)経営の方針や経営改善について、自らの知見に基づき、会社の持続的な成長を促し中長期的な企業価値の向上を図る、との観点からの助言を行うこと
(ⅱ)経営陣幹部の選解任その他の取締役会の重要な意思決定を通じ、経営の監督を行うこと
(ⅲ)会社と経営陣・支配株主等との間の利益相反を監督すること
(ⅳ)経営陣・支配株主から独立した立場で、少数株主をはじめとするステークホルダーの意見を取締役会に適切に反映させること

取締役会とその権限

取締役会は、取締役全員で構成し、その会議により業務執行に関する会社の意思決定をするとともに取締役の執行を監督する機関である。会社法上、取締役会は、すべての取締役で組織し、次の職務を行う。①取締役会設置会社の業務執行の決定、②取締役の業務執行の監督、③代表取締役の選定および解職。以上は、監査等委員会設置会社ないし指名委員会等設置会社以外の会社についての規律であり、監査等委員会設置会社と指名委員会等設置会社では取締役会の権限は以上と多少異なっている(詳細は省略する)。とくに指名委員会等設置会社では、取締役と執行役が制度上分離され、取締役会は執行役の選任および解任をする権限を有し、執行役が会社の業務の執行をする(それ以外の会社の代表取締役に相当するのは代表執行役である)。また、監査等委員会設置会社と指名委員会等設置会社では取締役会の職務として「経営の基本方針」の決定が条文上規定されているが、これら以外の会社でも、これは取締役会で決定すべきことがらであるというべきである。

(1)**業務執行に関する意思決定**　取締役会は業務執行(会社の事業を行うこと)の内容を決定する。法令または定款で株主総会の権限とされている事項は取締役会では決定できない一方、監査等委員会設置会社ないし指名委員会等設置会社以外の会社では、法律で取締役会で必ず決定しなければならないと定められている事項(具体的な法定事項のほか「重要な業務執行」を含む)は必ず取締役会で決定しなければならず、定款で定めてもその決定を代表取締役等にゆだねることはできない(監査等委員会設置会社と指名委員会等設置会社では、一部を除いて次に述べる業務執行の決定を取締役会から取締役または執行役に委譲することが認められる。後述する)。

会社法は、「重要な業務執行」のほか、次の事項を列挙する。①重要な財産の処分および譲受け、②多額の借財、③支配人その他の重要な使用人の選任および解任、④支店その他の重要な組織の設置、変更および廃止、⑤社債の募集、⑥取締役の職務の執行が法令および定款に適合することを確保するための体制その他株式会社の業務ならびに当該株式会社およびその子会社から成る企業集団の業務の適正を確保するために必要なものとして法務省令で定める体制、⑦定款規定に基づく取締役等の責任の一部免除。

大会社である取締役会設置会社では⑥(会社法上の内部統制システムと呼ぶことがあるがここでは「リスク管理体制」と呼ぶこととする)は必ず定めなければならない。「当該株式会社およびその子会社」というところが重要であり、二〇一四年改正でそれまで法務省令で定められていたことの一部が法律レベルに規定されることとなった。リスク管理体制で子会社管理もしなければならないという意味と解されている。

なお、これら以外にも、会社法が取締役会の決議事項と定めている事項は多数ある。以上のような法定事項以外の事項についても取締役会で決定することができるが(決定すれば代表取締役を拘束する)、取締役会は招集によって会合する機関にすぎないため、一般には、それらの事項(日常的事項)の決定は代表取締役に委譲されている。

(2)**業務執行**　二〇〇二年改正は、誰に業務執行権限があるかを法文上明定し、二〇〇五年会社法もそれを引き継いでいる。①代表取締役と②代表取締役以外の取締役で取締役会決議により取締役会設置会社の業務を執行する取締役として選定された者(選定業務執行取締役)である。②以外の取締役に業務執行権限を付与することも禁止されているわけではない。なお、会社法上、「業務執行取締役」とは、「①②および会社の業務を執行したその他の取締役」をいい(これに執行役と使用人を加えて「業務執行取締役等」という)、そのような業務執行取締役等は「社外取締役」の資格要件を満たさない。また、「業務執行者」とは、「業務執行取締役(指名委員会等設置会社では執行役)その他当該業務執行取締役の行う業務の執行に職務上関与した者として法務省令で定めるもの」をいうと定義されている。ややこしいが、法の定める限度を超えた過大な剰余金分配の責任を負う者である。二〇一四年改正で「非業務執行取締役等」という概念が加わった。業務執行取締役等に当たらない取締役に会計参与・監査役・会計監査人を加えた概念で、責任限定契約を締結できる者を示す概念である。

(3)**監督**　取締役会で意思決定した事項は、代表取締役等の業務執行権限のある取締役が執行する。取締役会はこれらの代表取締役等の業務執行を監督する。とくに代表取締役を解職するなどが重要である。この監督機能に資するため、会社法は、代表取締役および選定業務執行取締役に三か月に一回以上職務執行の状況を取締役会に報告することを求める。なお、監査役は取締役会の構成員ではないが、業務執行の適法性を監査する権限を有するので、取締役会に出席する義務があり、必要なときは意見を述べなければならず、さらに、取締役の不正行為、そのおそれ、法令・定款違反の事実、著しく不当な事実があると認めた場合は、遅滞なく、これを取締役会に報告しなければならない。

モニタリング・モデルは採用されるか

右に述べたように、会社法上、取締役会には、業務執行の決定と経営の監督という二つの機能が求められるが、先進諸国における近年の考え方としては、監督と執行を分離し、取締役会の役割は監督を中心とするという考え方（モニタリング・モデル）が主流となっている。そして、この場合の監督とは、業績ないし経営の評価を意味する。極端にいえば、モニタリング・モデルとは、取締役会では業務執行の決定はしないというモデルである（会社の基本的な戦略の決定はする）。

コーポレートガバナンス（企業統治）の観点から見ると、コーポレートガバナンスの目的は、コンプライアンス（不祥事防止を含む健全性の確保）と会社の業績ないし経営の評価（効率性の向上）

との二つが中心であるが、後者について、取締役会の役割を、業務に関しては基本的な戦略の決定に限定し、業績ないし経営の評価を社外取締役により行うことを重視する考え方が、モニタリング・モデルであるということになる。

指名委員会等設置会社では、業務に関する決定権限を取締役会から執行役に委譲することができ、これにより、モニタリング・モデルを実現することができる。監査等委員会設置会社でも、取締役会の過半数が社外取締役である場合または定款で定めた場合には、業務に関する決定権限を取締役会から取締役に委譲することができ、これにより、モニタリング・モデルを実現することができる。なお、指名委員会等設置会社・監査等委員会設置会社以外の取締役会設置会社では、特別取締役制度を採用することで、取締役会の業務決定権限の一部を委譲することができるが、委譲できる範囲は指名委員会等設置会社・監査等委員会設置会社の場合と比べると限定的である(なお、監査等委員会設置会社も特別取締役制度は利用可能である)。

日本の上場会社についての内外(とくに海外)の投資家の声は、日本の企業の中に、株主の観点から企業の業績や経営を評価する仕組みが不足しているというものである。そのため、そういう仕組みを社外取締役が中心になって企業の中に作ってほしいという期待がある。これにこたえるためには、取締役会についてモニタリング・モデルを採用するのが一番の近道である。

しかし、日本の上場会社のほとんどは、これまでのところモニタリング・モデルを採用してきてはいない。ほとんどの上場会社では、取締役会は業務の決定をする場であった（これをマネジメント・モデルと呼ぶことがある）。モニタリング・モデルを採用する企業も徐々に出てきているが、マネジメント・モデルとモニタリング・モデルを併用したハイブリッド・モデルとなっている会社が多い。

取締役会の決議

取締役会の決議は、「議決に加わることができる取締役」の過半数が出席し、その出席した取締役の過半数で決定する。定款でこの要件を加重できるが軽減はできない。二〇〇五年会社法制定前商法では、決議は適法に開催された取締役会での決議でなければならず、書面による決議や持ち回り決議は認められなかった。会社法は、定款で定めれば、議決に加わることができる取締役全員が書面または電子的方法で議案である提案に同意する意思表示をした場合には、その提案を可決した取締役会決議があったものとみなすこととし、取締役会の開催を省略することを認めた。ただし、監査役が異議を唱えた場合は省略はできない。また、取締役会への報告事項についても、取締役・監査役の全員に通知した場合は、取締役会への報告は省略できることとした。ただし、前述した三か月ごとの業務執行報告は例外である。したがって、最低でも三か月に一回は取締役会を開催しなければならない。

取締役は個人的信頼に基づいて選任されていることから「一人一議決権」である。株主の場合と異なり、他人に委任して議決権を代理行使することは認められない。

代表取締役とは

業務執行をし、対外的に会社を代表する常設の機関が、代表取締役である（指名委員会等設置会社では代表執行役であるが、ここでは指名委員会等設置会社以外の会社について述べる）。

なお、業務執行というのは、機関の行為が会社の行為と認められるという対内的な面から見たものであり、代表というのは、機関が会社の名前で（会社を代表して）第三者とした行為の効果が会社に帰属するという対外的な面から見たものである。

取締役会設置会社（指名委員会等設置会社は別）では、代表取締役は、取締役会の決議で取締役のなかから選定する。したがって、代表取締役は取締役会の構成員でもあり、意思決定と執行の連携が確保される。員数は一人でも複数でもよい。

代表取締役は執行機関として内部的・対外的な業務執行の権限を有する。株主総会決議・取締役会決議で決められた事項をそのまま執行するほか、取締役会から委譲された範囲内では自ら意思決定をし執行する。そして、対外的な業務執行をするため会社の代表権を有する。

実務では、「執行と経営」の分離による経営効率の向上等をめざして、執行役員という名称の者を置いて、取締役会の規模(人数)を縮小し、具体的な業務執行を執行役員(取締役ではない)に委譲する会社が多い。ただし、執行役員は会社法上の機関ではなく、対外的には、執行役員は代表取締役の権限を会社の内部で制約するにすぎないと考えられ、対外的には、これに反した行為も善意(そのことを知らない)者には対抗できない。

取締役の義務——会社との関係での一般的な義務

会社と取締役との法律関係は委任である。したがって、取締役が職務を行うに際しては、民法の規定によって善良な管理者の注意義務(善管注意義務)を負う。

商法は、一九五〇年改正で、「取締役は法令及び定款の定め並びに総会の決議を遵守し会社のため忠実にその職務を遂行する義務を負う」とする規定を導入したが(取締役の忠実義務と呼ばれ、会社法に継承されている)、一九七〇年の最高裁の大法廷判決は、この忠実義務は「善管注意義務をふえんし、かつ一層明確にしたにとどまり、通常の委任関係に伴う善管注意義務とは別個の高度な義務を規定したものではない」と宣言している。

これらの善管注意義務・忠実義務の一般的規定から判例で承認されてきた義務として、後に述べる「監視義務」「リスク管理体制構築義務」の二つが重要である。さらに、会社法は、これらの一般規定だけでは十分でないと考え、競業取引・利益相反取引(取締役・会社間の取引)・

報酬等について、事前に一定の手続をふむことを要求する等の上乗せの特別規制を設けている（本書では省略する）。なお、取締役の報酬については、近年、先進諸国の例を参考として、業績に連動するタイプの報酬を支給して報酬により取締役に業績向上へのインセンティブを与えようとする実務が普及し始めており、二〇一九年改正において株主総会決議（指名委員会等設置会社は別）について重要なルールの改正がされた。具体的には、取締役の個人別の報酬等の決定方針を取締役会で定めること（指名委員会等設置会社その他の場合を除く）や株式報酬の場合の交付株式数の上限などを株主総会決議で定めることが要求される。また、ストック・オプションに係る新株予約権の行使価額はゼロ円でよいこととなり、いきなり株式を交付する場合も払込みを要しないことが可能となったが、その適用対象は上場会社の取締役に限定されている。これらの詳細は複雑であり、本書でこれ以上述べることはできない。

取締役の善管注意義務

取締役の善管注意義務について、いわゆる「日本版ビジネス・ジャッジメント・ルール」が判例上認められている。これは「経営判断原則」ともいうが、取締役の経営上の判断には裁判所は事後的に介入しないというルールであり、「経営判断不介入の原則」とでも呼ぶべきだろう。アメリカと似ているが、アメリカと異なり、日本では裁判所は判断の内容その他すべての事情を審査する。たとえば、東京地方裁判所の二〇〇四年九月二八日の判決では、百貨店(旧そごう)が当時トルコ共和国のイスタンブール市に出店するために大金の貸付けをしたことについて、取締役の善管注意義務違反であるとして会社に対する個人損害賠償責任が問われたが、裁判所は次のように述べて、責任を否定した。

企業の経営に関する判断は不確実かつ流動的で複雑多様な諸要素を対象にした専門的、予測的、政策的な判断能力を必要とする総合的判断であり、また、企業活動は、利益獲得をその目標としているところから、一定のリスクが伴うものである。このような企業活動の中で取締役が萎縮することなく経営に専念するためには、その権限の範囲で裁量権が認められるべきである。したがって、取締役の業務についての善管注意義務違反又は忠実義務違反の有無の判断に当たっては、取締役によって当該行為がなされた当時における会社の状況及び会社を取り巻く社会、経済、文化等の情勢の下において、当該会社の属する業界における通常の経営者の有すべき知見及び経験を基準として、前提としての事実の認識に不注意な誤りがなかったか否か及びその事実に基づく行為の選択決定に不合理がなかったか否かという観点から、当該行為をすることが著しく不合理と評価されるか否かによるべきである。

二〇一〇年七月一五日の最高裁判決（アパマンショップ社の事例）は、子会社株式の買取りが問題となった事案において、①その行為が経営上の専門的判断にゆだねられた事項についてのものであること、②意思決定の過程に著しい不合理性がないこと、③意思決定の内容に著しい不合理性がないことの三つがあれば、取締役の行為は善管注意義務に違反しないと判示して、取締役の責任を認めた高裁判決を破棄し、責任なしとした。

経営上の判断にはリスクはつきものである。後からそれが違法であったとして個人的責任を問われたのでは取締役は安心して経営にあたれない。それがこうしたルールの認められる理由である。

監視義務とリスク管理体制の構築義務

善管注意義務・忠実義務の一般的規定から判例で承認されてきた義務として次の二つがある。

(1)監視義務　代表取締役はもちろん一般の取締役も他の代表取締役または取締役の行為が法令（善管注意義務・忠実義務の一般的規定を含む）・定款を遵守し適法かつ適正にされていることを監視する義務を負うと解されている。また、取締役は従業員を監督する義務も負う。

(2)リスク管理体制の構築義務　規模がある程度以上の会社になると、取締役は、健全な会社経営のために会社が営む事業の規模・特性等に応じたリスク管理体制（前述したように内部統制システムと呼ぶことがある）を整備する義務を負う（コンプライアンスと呼ぶ法令遵守の体制整備を含む）。

前述したように、このような「体制」の構築と整備は、会社法が期待する重要な柱である（大会社である取締役会設置会社では「体制」の決定が強制される）。その意味は、経営の適正の確保と取締役の免責（従業員等による不正が生じても「体制」が構築・整備されていれば取締役は個人責任を免責される）の二つである。これとは別に、金融商品取引法は、財務報告（情報開示）の観点から上場会社等に詳細な内部統制システム（金融商品取引法上の内部統制システムと呼ぶ）の整備を求めている。これはアメリカのエンロン社の事件（二〇〇一年に発覚した上場会社による大規模な会計不正事件）の影響を受けての大企業向けの話であり、内部統制システムの整備について公認会計士による外部チェックを求めるという仕組みである。会社法が求めるリスク管理体制とは、そのねらいは少し異なると理解したほうがよい。

4　監査とは何か

監査役とは

監査役は、取締役（および会計参与があるときは会計参与）の仕事を監査する機関である。

監査役の資格については、取締役と同様の資格制限がある。さらに、兼任禁止規制として、監査役は、会社、その子会社の取締役・支配人その他の使用人、または子会社の会計参与(法人のときはその職務を行うべき社員)、執行役を兼ねることができない。

監査役の任期は四年である。独立性を保障するためなので、取締役より任期が長く、任期を定款等で短縮することはできない。なお、非公開会社では、取締役と同様、定款により一〇年まで伸長することができる。

監査役の権限

監査役の権限は、会計の監査を含む会社の業務全般の監査に及ぶ(「業務監査」と呼ぶ)。監査とは、業務執行の法令・定款違反の有無をチェックし指摘することである。なお、数人の監査役がいる場合であっても、各自が独立して監査権限を行使し(独任制という)、監査役会が置かれる場合であってもこの原則に変わりはない。

監査役が、取締役の職務執行が法令・定款に適合しているかどうかを監査すること(適法性監査)は当然であるが、その妥当性についての監査(妥当性監査。違法かどうかではなく適切でないかどうかのチェック)ができるかについては争いがある。業務執行の裁量に介入することは望ましいとはいえず、その意味では妥当性監査は監査役の権限に属さないと一般に解されている。ただし、監査役は取締役の善管注意義務の違反の有無を監査するわけであるから、実際問題としては、妥当性にかかわる事項についても監査権限を有することとほとんど変わりはない。

非公開会社(監査役会設置会社または会計監査人設置会社を除く)では、定款で、監査役の監査権限の範囲を会計監査に限定することが認められる。その場合には、監査権限は会計に関する事項に限定される。

監査報告と調査権

監査役は、監査に基づいて、法務省令で定める内容の監査報告を作成する。なお、監査役会設置会社では、監査役会が法務省令で定める内容の監査報告を作成する(後述)。

そのために、監査役は、いつでも、取締役・会計参与・支配人その他の使用人に対して、事業の報告を求め、また、自ら会社の業務および財産の調査をする権限を有する。そして、その職務を行うため必要があるときは、子会社に対して事業の報告を求め、またはその子会社の業務および財産の状況の調査をすることができるが、その子会社は、正当な理由がある場合には、報告または調査を拒むことができる。

監査役の義務

(1)不正行為の報告　監査役は、その職務を行うに際して取締役の執行に関し不正の行為または法令・定款に違反する事実、著しく不当な事実を発見したときは、遅滞なく、これを取締役(取締役会設置会社では取締役会)に報告しなければならない。

(2)取締役会への出席　監査役は、取締役会に出席する義務を負い、必要があると認めるときは、意見を述べなければならない。なお、必要があると認めるときは、招集権者に対して取締役会の招集を求め、招集されないときは自ら招集することもできる。

(3)株主総会への報告　監査役は、取締役が株主総会に提出しようとする議案・書類その他法務省令で定めるものを調査する義務を負い、法令・定款違反または著しく不当な事項があると認めるときは、その調査の結果を株主総会に報告する義務を負う。

監査役の差止請求および会社代表

(1)差止請求　監査役は、取締役が会社の目的の範囲外の行為その他法令・定款違反の行為をし、またはこれらの行為をするおそれがあると認められ、その行為によって会社に著しい損害が生じるおそれがあるときは、その取締役に対し、その行為の差止めを請求することができる。裁判所が仮処分を命じるときでも担保を立てなくてよい。

⑵会社代表　次の場合には、監査役が会社を代表する。①取締役・会社間の訴訟、②取締役の責任を追及する訴えの提起の請求（株主代表訴訟の前段階の請求）を株主から受けること、③株主代表訴訟の訴訟告知および和解に関する通知・催告を受けること。なお、二〇一九年改正において、株主代表訴訟において和解をするには、監査役設置会社では監査役（監査役が二人以上ある場合は各監査役）の同意を、監査等委員会設置会社では各監査等委員の同意を、指名委員会等設置会社では各監査委員の同意を、それぞれ得なければならないものとする改正がされた。

監査役会

監査等委員会設置会社・指名委員会等設置会社以外の大会社で公開会社である株式会社は、監査役会を置かなければならない（それ以外の監査役設置会社では設置は任意）。監査役会設置会社では、監査役は三人以上で、かつ、その半数以上（過半数ではない）は、「社外監査役」でなければならない。

監査役会は、すべての監査役で組織し、次の業務を行う。①監査報告の作成、②常勤の監査役の選定および解職、③監査の方針、監査役会設置会社の業務および財産の状況の調査の方法その他の監査役の職務の執行に関する事項の決定。なお、③の決定は、個々の監査役の権限の行使を妨げることはできない（上述した独任制）。また、②については、監査役会は、少なくとも一人は常勤（フルタイム）の監査役を選定しなければならない。

会計監査人とは

会計監査人は、計算書類等の監査（会計監査）をする者である。大会社・監査等委員会設置会社・指名委員会等設置会社は会計監査人を置かなければならないが、それ以外の会社では、その設置は会社の任意である。

⑴**資格と選任等**　会計監査人は、公認会計士または監査法人でなければならない。員数にとくに規制はない。任期は一年である。なお、会計監査人は、任期終了時の定時株主総会において別段の決議がされないと、その総会において再任されたものとみなされる。

⑵**権限**　会計監査人は、会社の計算書類およびその附属明細書、臨時計算書類・連結計算書類を監査する。そして、計算書類等の監査について、法務省令で定める内容の会計監査報告を作成する。会計監査人は、いつでも、会計帳簿またはこれに関する資料の閲覧および謄写をし、また、取締役（指名委員会等設置会社では執行役）・会計参与および支配人その他の使用人に対して会計に関する報告を求めることができる。その職務を行うため必要があるときは、子会社に対して会計に関する報告を求め、また、会社またはその子会社の業務および財産の状況の調査

をすることができるが、子会社は、正当な理由がある場合には、報告または調査を拒むことができる。

5　監査等委員会設置会社

監査等委員会設置会社とは何か

「監査等委員会設置会社」制度は、二〇一四年改正で新しく導入された制度である。

二〇一四年改正は、有価証券報告書提出会社で指名委員会等設置会社以外の会社について、社外取締役の設置を強く推奨しており(前述した)、このこととの関係で、制度として、監査等委員会設置会社という機関設計を新しく導入することとした。監査等委員会設置会社は、監査役は存在しない一方、監査等委員会が取締役会に置かれ、そのメンバー(監査等委員)の過半数は社外取締役でなければならない。

取締役会と会計監査人を置く会社は、定款に定めることにより監査等委員会設置会社となることを選択することができる(なお、そのような会社は指名委員会等設置会社となることを選択することもできる)。監査等委員会設置会社になることにより、監査役設置会社・監査役会設置会社における監査役・監査役会の役割(監査)のすべてと取締役会の役割(監督)の一部を監査等委員会

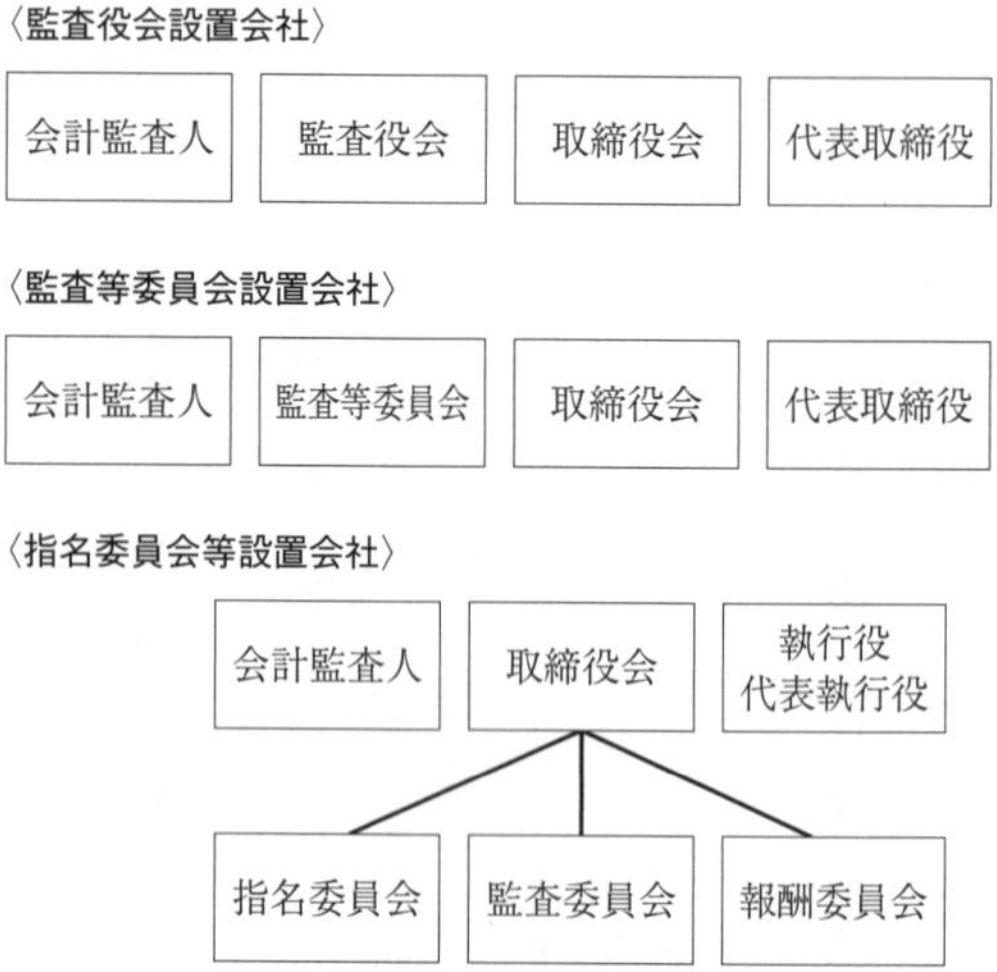

図 3-2　大会社かつ公開会社における選択肢

に一元化することができる。監査等委員以外の取締役の任期は一年、監査等委員である取締役の任期は二年である。他方、一定の条件の下（＝取締役会の過半数が社外取締役である場合または定款で定めた場合）では業務の決定権限を取締役会から取締役に大幅に委譲することが認められ（委譲できる事項は指名委員会等設置会社で取締役会から執行役に委譲できる事項と同じ）、これをすれば執行と監督を分離することによりモニタリング・モデル（前述）を実現することができる。

　このような監査等委員会設置会社を選択するかどうかは、会社の任意である。二〇二二年七月の時点で、東京証券取引所の上場会社三七七〇社のうちで一三九二社（三七％）が監査等委員会設置会社を選択しており、この制度は普及しているといえる（伝統的な形態の監査役会設置会社は二二九〇社（六〇%強）である）。なお、監査等委員会設置会社に関する日本の制度は、諸外国の法制を参考にしているものの、同一ではなく、ユニークな制度となっている。前述したように、社外取締役にガバナンス機能を期待する法制は、近年の諸外国の法制の潮流である。

大会社かつ公開会社は、監査役会設置会社・監査等委員会設置会社・指名委員会等設置会社の三つの選択肢があるということになる（図3-2参照）。会社法がこのような機関設計の選択制を認めたのは、ガバナンスの仕組みとして何がベストであるかは必ずしも明確ではなく、複数の仕組みのいずれもが制度としての合理性があると考え、その選択を各会社の判断にゆだねることとしたためである。

6　指名委員会等設置会社

指名委員会等設置会社とは何か

「指名委員会等設置会社」制度は、二〇〇二年改正で導入された制度である。当初の名称は「委員会等設置会社」であったが、二〇〇五年会社法で「委員会設置会社」に改められ、さらに二〇一四年改正で「指名委員会等設置会社」に改められた。

取締役会と会計監査人を置く会社は、定款に定めることにより指名委員会等設置会社となることを選択することができ、指名委員会等設置会社は、監査・監督の仕組みと業務執行の仕組みについてそれ以外の会社と大きく異なるガバナンス規制に服する。具体的には、①取締役会の役割は、基本事項の決定と委員会メンバーおよび執行役の選定・選任等の監督機能が中心となり、指名委員会・監査委員会・報酬委員会の三つの委員会(いずれも社外取締役がメンバーの過半数)が監査・監督の役割を果たす(監査役や監査役会は存在せず、監査委員会がその役割を果たす)、②監督と執行が制度的に分離され、業務執行は執行役が担当し(取締役は原則として業務執行はできない)、会社を代表する者も代表執行役となるほか、業務の意思決定も大幅に執行役にゆだねられる。ただし、取締役が執行役を兼ねることはできる。なお、取締役の任期はつねに一年となり、執行役の任期も一年である。このような指名委員会等設置会社を選択するかどうかは、会社の任意である。

二〇〇二年改正が二〇〇三年に施行された後、二〇〇三年七月末までに六〇社以上が委員会等設置会社(当時の名称)に移行した。二〇二一年七月の時点で、東京証券取引所の上場会社三七七〇社のうちで指名委員会等設置会社を選択している会社は八八社(二・三%)にとどまっており、監査等委員会設置会社と比較すると指名委員会等設置会社は普及してはいない。しかし、三メガ銀行グループではいずれもその銀行持株会社は指名委員会等設置会社を選択しており、著名な会社で指名委員会等設置会社を選択している会社があることは興味深い。

業務監査制度のゆくえ

右に述べたように、監査等委員会設置会社と指名委員会等設置会社には監査役は存在せず、監査役会設置会社で監査役ないし監査役会が果たすべき役割は、監査等委員会およびその委員と監査委員会およびその委員がそれぞれ果たすべきことになる。

そうすると、コーポレートガバナンスのうちのコンプライアンス確保の面については、日本の会社は今後どうなっていくのであろうか。一つ注意すべき点は、監査役会設置会社における社外取締役の役割と、そうでない会社（指名委員会等設置会社および監査等委員会設置会社）における社外取締役の役割とは異なるということである。後者の会社では、社外取締役は監査も担当することとなる。これに対して、監査役会設置会社では、監査は監査役が担当し、社外取締役は監督をすることが職務となる。監査と監督を足して一〇〇とすれば、監査役がいない会社では社外取締役が一〇〇を担当し、監査役がいる会社では監査役と社外取締役とで一〇〇を担当することとなる。一〇〇のうちどれだけが監査でどれだけが監督であるかは、制度の上ではどこまでが監査役の権限かという問題であるということができるが、実際問題としては、会社により、また実際の状況により、異なるものと考えられる。その意味で、監査役会設置会社では、監査役が役割を果たしていくためには、社外取締役との連携ということが必要になる。

7　役員の責任と株主代表訴訟

役員等の会社に対する損害賠償責任

会社法は言葉の定義がややこしい。役員(取締役・会計参与・監査役)・執行役・会計監査人を「役員等」という。

これらの「役員等」は会社に対して法的には委任の関係に立つ。その結果、役員等は会社に対して善管注意義務を負い、また取締役は会社に対して忠実義務を負うので、具体的な法律または定款の規定に違反した場合はもちろん、一般的な善管注意義務または忠実義務に違反して会社に損害を与えたような場合には、民法上の債務不履行の一般原則によって会社に対して会社に生じた損害を賠償する責任を負うことになるはずである。にもかかわらず、取締役については、二〇〇五年会社法制定前には商法二六六条という特別の規定が設けられてきた(この条文は一九五〇年改正で導入され、その後改正を経て会社法制定まで維持された)。その理由は民法の一般原則では不十分であると考えられたからである。

二〇〇五年会社法は、この規定を改めて、規制の大幅な整理と改正をした。

(1)任務懈怠の責任　「役員等」は、その任務を怠った(任務懈怠《けたい》という)ときは、会社に対し、これによって生じた損害を賠償する責任を負う。これが一般ルールであるが、特別ルールとして次のものがある。①事前手続規制に違反して競業取引をした場合には、それにより取締役(執行役も同じ)が得た利益の額は会社に生じた損害の額と推定される。②利益相反取引(取締役・会社間の取引)をした場合は、取締役(執行役も同じ)について任務懈怠が推定される。③自己のために利益相反取引の直接取引をした取締役(執行役も同じ)の責任は無過失責任である(後述する一部免除・軽減もできない)。④利益供与の場合に利益供与行為をした取締役(執行役も同じ)は無過失責任である。⑤分配可能額を超えて剰余金分配がされた場合には、業務執行者(取締役等)は、分配された額を会社に支払う義務を負うが、無過失を立証したときは義務を免れる。

(2)責任を負う者　①その行為をした取締役等自身であるが、②その行為が取締役会等の決議に基づいてされた場合には、その決議に賛成した者も、それについて任務懈怠がある場合には同一の責任を負う。なお、二〇〇五年会社法制定前の商法では取締役会決議に賛成した取締役は行為をした者とみなしていたが、この規定は、会社法により、責任の過失責任化に合わせて削除された。ただし、例外として、利益相反取引の場合には、決議に賛成した取締役は任務懈怠が推定される。また、決議に参加した取締役等は議事録に異議をとどめておかないと決議に賛成したものと推定される。責任を負う取締役等が複数いる場合には連帯責任となる。

役員等の責任の免除と軽減

右で述べた取締役の責任については、昔はわずかな例外を除いて株主全員の同意がなければ免除することはできなかった。しかし、株主代表訴訟が多数提起されたことを契機として、二〇〇一年一二月改正は、議員立法によって一定の条件のもとで責任軽減(一部免除)を認める制度を導入した。二〇〇五年会社法も、一部改正の上で、これを役員等の責任の免除・軽減制度として引き継いでいる。

責任免除制度の内容は複雑であって詳細は本書では述べられないが、ポイントは三つのタイプがあるということである。実際には、三つ目の定款の定めを置く会社が多い。

(1)**株主総会決議による事後の責任軽減**　任務懈怠に基づく責任(利益供与の場合を除く)は、その役員等に「職務を行うにつき善意でかつ重大な過失がないとき」は、法の定める「最低責任限度額」を超える部分の範囲で、株主総会の特別決議で責任を免除することができる。「最低責任限度額」はややこしく、ここでは正確には書けないが、役員等が会社から受ける報酬等の年間の総額を計算して(これにストック・オプション等の株式報酬も加算される)、代表取締役(または代表執行役)の場合は六年分、代表取締役以外の取締役(業務執行取締役等の場合。または代表執行役以外の執行役)の場合は四年分、これら以外の取締役・会計参与・監査役・会計監査人の場合は二年分である。代表取締役の例でいうと、報酬等の六年分相当額までは損害賠償責任があるが、それ以上は免除できるというわけである。

⑵**定款規定を置いた上での取締役会決議に基づく責任軽減**　あらかじめ定款で「取締役会決議(取締役会設置会社以外では責任を負う取締役以外の取締役の過半数の同意)により責任の軽減をすることができる」との規定を置いておけば、実際に責任が生じた場合に、株主総会を開かなくても取締役会決議で⑴と同様の責任免除ができる(取締役が二名以上いる監査役設置会社か監査等委員会設置会社・指名委員会等設置会社だけ)。ただし、議決権数一〇〇分の三以上(定款で基準軽減可)を有する株主が異議を唱えたときは、この方法での責任免除はできない。

⑶**定款規定を置いた上での責任限定契約に基づく事前の責任軽減**　業務執行取締役等でない取締役・会計参与・監査役・会計監査人については、定款で定めておけば、⑴と同様の責任免除を、あらかじめ会社がその者と責任限定契約を締結しておくことによって行うことができる。

役員等の第三者に対する損害賠償責任

取締役等がその任務に違反した場合には、本来は会社に対する関係で損害賠償責任を負うにすぎないが、その結果、株主や会社債権者が損害を受ける場合を想定し、会社法は取締役ほかの「役員等」に会社以外の第三者に対する特別の責任を認める規定を設けている。

責任を負う場合とは、「役員等に職務を行うについて悪意または重大な過失があった場合」である（軽過失の場合は責任は負わない）。この特別規定として、特定の書類や登記・公告等に虚偽の記載・記録があった場合には、これらの行為をした者は、その無過失を立証しない限り、この責任を負う（立証責任の転換）。

会社法の規定の前身である二〇〇五年改正前商法の規定について、一九六九年の最高裁の大法廷判決は次のような重要な判示をしている。①取締役は、会社に対する善管注意義務ないし忠実義務に違反して第三者に損害を被らせても第三者に対して当然に損害賠償責任を負うものではないが、本規定は第三者保護の立場から、取締役が直接に第三者に対して責任を負うことを定めたものである。②取締役の任務懈怠と第三者の損害との間に相当因果関係がある限り、会社が損害を被った結果ひいては第三者に損害が生じた場合（間接損害）か、直接第三者が損害を被った場合（直接損害）かを問わず、取締役はその賠償責任を負う。③本規定の責任と一般不法行為責任とは競合する。④第三者は、任務懈怠につき取締役の悪意・重過失を立証すれば、自己に対する加害についての故意・過失を立証しなくても、本規定の責任を追及できる。⑤本規定の責任を追及できるのは、取締役の加害行為について会社自体が損害賠償義務を負う場合とは限らない。⑥代表取締役が、他の代表取締役その他の者に会社業務の一切を任せきり、それらの者の不法行為ないし任務懈怠を看過した場合には、自らもまた悪意・重過失により任務を怠ったものとして本規定の責任を負う（監視義務違反に基づく責任）。その後、⑥については代表権のない取締役にも適用があるとされた（これも最高裁の判例）。この規定は、中小会社で会社が倒産した場合に、会社債権者が債権回収のため、取締役（名目的取締役や登記簿上の取締役を含む）を訴える形で広く使われてきている。もっとも、近年は、これとは異なる場面で、上場会社でもこの責任が問われる事例が出てきている。

株主代表訴訟とは何か

会社が取締役等に対して有する権利を、一定の場合には、株主が会社に代わって行使することが認められる。アメリカ法を参考として一九五〇年改正で導入された制度である。

会社法は、この制度を引き継いで、個々の株主に、自ら会社のために取締役等に対する会社の権利を行使し訴えを提起することを認めている。この訴訟は「株主代表訴訟」と呼ばれる。

株主は会社のために訴えを提起するので、判決の効果は、勝訴・敗訴ともに、会社に及ぶ。代表訴訟の結果、勝訴した場合でも、原告株主は、会社への給付を要求できるだけであって、自分には一円も要求できない。ただ、勝訴した場合には（一部勝訴の場合も含む）、株主の負担で会社が利益を得たことになるので、株主はその支出した必要費用（調査費用等）と弁護士報酬のうちの相当額の支払を会社に請求することができる。また敗訴しても、悪意があったときでなければ、会社に対し損害賠償責任を負うことはない。

代表訴訟の対象となるのは、①発起人・設立時取締役・設立時監査役・役員等（取締役・会計参与・監査役・執行役・会計監査人）・清算人の責任の追及、②違法な利益供与がされた場合の利益供与を受けた者からの利益の返還、③不公正価額での株式・新株予約権引受けの場合の出資者からの差額支払および出資が仮装された場合の引受人等からの支払である。

①については、取締役等の損害賠償責任に限られるという見解も学説では有力であるが、これに限定されず、取締役が会社に対して負担するすべての債務を含むと解するのが従来の多数説である。二〇〇九年の最高裁判決は、取締役の地位に基づく責任のほか取締役の会社に対する取引債務についての責任も含まれると判示している。

多重代表訴訟とは何か

二〇一四年改正により「多重代表訴訟」制度が新しく導入された。

この多重代表訴訟制度は、親会社株主の保護のため、一定の限定された範囲で、親会社株主に子会社の取締役等の子会社に対する責任を追及する代表訴訟を認めるものである。親子関係が多重になっている場合（孫会社等の場合）にも認められるので、一般に「多重代表訴訟」と呼ばれている（条文上は「最終完全親会社等の株主による特定責任追及の訴え」という）。

たとえば、A社がB社の一〇〇%子会社であり、B社株式の一〇〇%をC社とD社が合計で保有し、C社とD社がそれぞれE社の一〇〇%子会社であるような場合で、E社にはその完全親会社等が存在しない場合、E社がA社の最終完全親会社等となる(図3-3)。そこで、E社の株主に、一定の要件のもとで、A社の取締役等のA社に対する責任を追及する多重代表訴訟が認められる。

この多重代表訴訟が認められるのは、右の例で、A社がE社にとって重要な完全子会社等である場合に限られる(総資産額の五分の一超)。また、取締役等の責任を追及できるのは、責任の原因となった事実によって最終完全親会社等(右のE社)に損害が生じている場合に限られ、多重代表訴訟の原告適格は、通常の代表訴訟の場合と異なり、六か月前から引き続き最終完全親会社等の総議決権の一〇〇分の一以上または発行済株式の一〇〇分の一以上の株式を有する株主である(なお、六か月要件と一〇〇分の一要件は定款で軽減でき、また、非公開会社では六か月要件はない)。

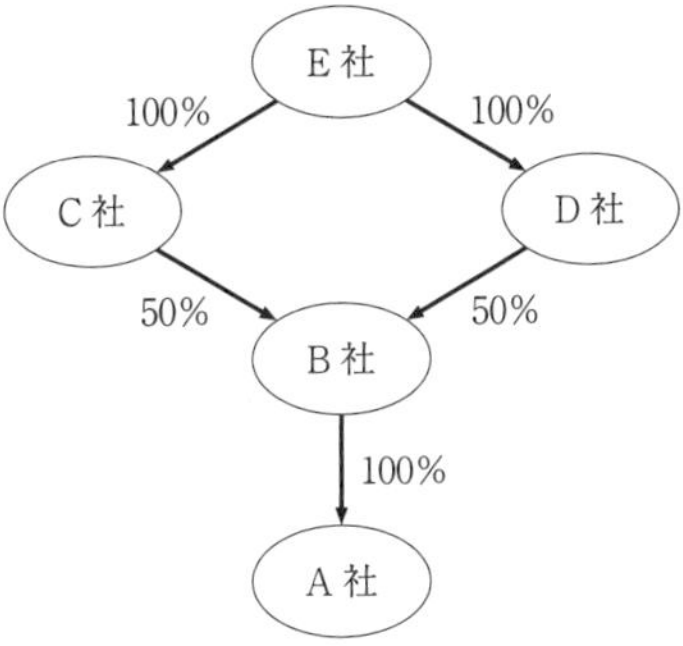

図3-3　最終完全親会社等の例

一九九〇年代以降の株主代表訴訟

株主代表訴訟は、一九九〇年代以降、日本でのホットな話題となった。それ以降、日本の大企業の取締役や監査役は、かなりの(時には必要以上の?)緊張感をもって日々を送っているように見受けられる。その背景としては、以前は日本ではこの訴訟はほとんどなかったという実情が急変し、一九九〇年代以降バブル経済の崩壊に伴いこの訴訟が多発したこと、一九九三年の商法改正が、この訴訟で訴状に貼付すべき印紙の額を原告が追及の対象とする取締役等の損害賠償責任金額のいかんにかかわらず八二〇〇円でよいとする明文の規定を設けたこと(現在は一万三〇〇〇円)、一九九三年の秋以来、この訴訟について重要な判決が相次いで出されたことなどがある。

では、なぜ、会社が取締役の責任を追及すべき場合について、株主にこれを実現する途《みち》を与え、株主の提訴によって取締役に会社に対する損害賠償責任の履行を実現する制度が必要か。その理由は、このような場合には、取締役や監査役に提訴判断を任せておくだけでは十分でないと法は考えたからである。すなわち、通常であれば、会社が提訴すべき訴訟(たとえば第三者に対する契約不履行等を理由とする訴訟)についての提訴すべきか否かの判断は、経営者が善管注意義務のもとで行うこととなる。しかし、会社による取締役の責任追及が問題となる場面では、他の取締役や監査役が「同僚」を提訴すべき旨を決定することは期待しにくい。このような

「提訴懈怠可能性」が、法が株主代表訴訟制度を認める主な理由である。

ここで注意しなければならないことは、株主の提訴を認めると、本来は提訴すべきでない場合にも訴訟が提起されるという可能性が生じることである。「提訴懈怠可能性」のある場合を超えてまで株主による提訴を認めるのは妥当とは言えない。

「本来は提訴すべきではない」場合については、二とおりの考え方が可能である。第一は、株主ないし会社の利益からみて客観的に提訴すべきでないと考えられる場合、第二は、仮に右に述べた「提訴懈怠可能性」がなかったとして（すなわち、仮にたとえば第三者に対する提訴が問題となっているとして）、なお提訴すべきでないと判断されるであろう場合である。第一の考え方は、事を客観的にとらえ、第二の考え方は善管注意義務を尽くした判断であればその会社は提訴をしたであろうか否かを基準とする考え方である。

ところが、以上のような分析は、抽象論としては妥当な分析のようにもみえるが、実は正しい分析とは言いにくい面がある。第一に、右のいずれの説に立つとしても、「本来不提訴」か否かを判断するのは、実際には、結局のところ裁判所であるということになる。第二に、不提訴が会社に利益をもたらしたかどうかは事後的にのみ明らかになる。取締役に責任が成立するかどうかは訴訟が終わってみないとわからない場合が少なくない。そうだとすれば、ポイントとなるべき問いは、仮に第三者に対する提訴が問題となっているのと同じ状況だったとすれば、会社は提訴をするかどうかを「事前に」どう判断したかという問いである。これは仮定の世界なので、この問いに答えることは実際問題としてはかなりむずかしい。しかし、理論としては、このように考えるのが正しい。

会社の法令違反行為と取締役の責任

著名な大和銀行の事件において、ニューヨークでの行員の違法行為によって銀行に損害が生じたことについて取締役等の責任が問われ、二〇〇〇年九月に、大阪地方裁判所は、複数の取締役に合計で五億三〇〇〇万ドル(当時のレートで五五〇億円以上)の個人責任を認め、大きなニュースとなった。この訴訟は、その後の二〇〇一年一二月に、大阪高等裁判所において和解が成立し、取締役は総額二億五〇〇〇万円を支払うことで決着した。しかし、この訴訟は、代表訴訟の「恐怖感」を企業経営者に感じさせるには十分すぎるものがあった。そして、二〇〇一年一二月改正による取締役等の責任軽減制度(前述)の導入などをもたらすこととなったのである。

やや抽象的な理屈を述べることになるが、注意すべき点は、提訴の判断についてと同じように、責任の原因となった会社(そして取締役)の行為の評価についても「事前事後」の問題があるということである。すなわち、問題とすべき問いは、問題となる違法な行為が行われた際における会社（そして取締役）の当該行為についての判断が正しかったか否かであるからである。たとえば、大口顧客に株式売買での損失を補てんしたことが社会問題となったが、それに関して取締役の責任が代表訴訟で追及された著名な野村證券の事件（最高裁は二〇〇〇年七月の判決で責任を否定した）の場合には、証券取引法違反や独禁法違反か否かは当時必ずしも明確ではなく、そのような状況で行った損失補てん行為に問題はなかったか、より具体的に言えば法令違反行為をしてしまったことについて過失がなかったかという点が問われるべきである。

一般論を言えば、法令違反とはいっても何が「法令」かが必ずしも明確でない場合も少なくない。法令といっても多数あるし、解釈が確立している問題はむしろ少ないというほうが正しい現状認識だろう。何が法令違反かがよくわからないような状況でした行為について、事後的に「法令違反だから損害賠償責任を取れ」と言われたのではたまらない。かといって、少しでも法令違反でないという解釈がある領域でした行為については事後的に法令違反を理由とする責任を問わないというのでは、法令違反を理由とする責任はほとんど成立しなくなってしまって不当なことは明らかである。ここに悩みがある。どこに線を引いたらよいだろうか。

もちろん、このような行為規範の不明確さという問題は、法のあらゆる領域、あらゆる場面で生じる問題である。しかし、今取り上げている局面に限って言えば、取締役は少しでも法令違反とされるおそれがある行為は一切すべきでないとするのが、社会にとって、あるいは会社にとって、望ましいルールと言えるか。これが問題である。難問であるが、この点については、私は、取締役の行為に関する一般論としては、二とおりのアプローチがあると考えている。

第一は、法令違反とする解釈がかなりの程度確立しているか否かを基準とする方法で、そのような場合には、取締役はその行為をすれば、事後的に法令違反を理由に責任を負うことを覚悟してその行為をすべきか否かを判断せよということになる。第二は、この点について専門家の判断を信頼することを認め、たとえば、監査役や顧問弁護士の意見を聞いて行為をした場合には、事後的に法令違反を理由とする責任は問われないとする方法である。

この二つのアプローチは互いに排他的な関係にあるものではなく、両者を重畳的に適用することが可能である。たとえば、法令違反とする解釈が高い程度に確立している場合には、専門家の意見を信じたという「抗弁」は認めない一方、解釈がかなり確立しているか否かが(主観的には)よくわからないような場合には、専門家の意見を信じたという「抗弁」を認めるといったあたりで重畳適用をするのが自然であろう。

子会社管理に関する親会社取締役の責任

子会社の管理に関する親会社の取締役の義務も、限界事例となると難問である。みずほ銀行がクレジット会社との提携ローンに際して相手方が反社会的勢力でないことのチェックに不備があったとの理由で行政処分を受けた事例に関連して銀行持株会社であるみずほフィナンシャルグループの当時の代表取締役ほかについて同社に対する損害賠償責任を追及する代表訴訟が提起され、話題となったが、二〇二〇年の東京地裁判決は結論としては取締役の責任を否定し、二〇二一年東京高裁判決と二〇二二年最高裁決定でもその結論が維持されている。

重大事故と取締役の責任

東日本大震災に起因する津波によって生じた原子力発電所の事故に関して、被害者に巨額の賠償金を支払うことになった東京電力について当時の代表取締役等数名に対して会社に対する損害賠償責任を追及する代表訴訟が提起され、二〇二二年七月に東京地裁は総額で一三兆円を超える損害賠償責任を認める判決を出している。他にも近年さまざまな事故が発生しており、重大な事故があった場合における取締役の個人賠償責任のあり方に関する法律論についてはさまざまな論議が始まっている。

代表訴訟に関するその他の論点

代表訴訟制度については多くの法的論点がある。ここでその詳細を述べることはできないが、若干のポイントを列挙しておく。

①原告適格は、六か月前から引き続き株式を有する株主である（公開会社以外の会社では六か月要件はない）。この六か月要件は定款で短縮できるが、他方で、単元未満株式の株主については定款で権利行使できないと定めることができる。

②代表訴訟を提起した株主またはそれに共同訴訟参加した株主は、その訴訟の係属中に株主でなくなったとしても、合併や株式移転があったような一定の場合には、引き続き訴訟を追行することができる。二〇〇五年改正前商法のもとでの判例の立場（株式移転により原告が株主の資格を喪失した場合には株主代表訴訟の当事者適格を失うとした）を、会社法は変更した。さらに二〇一四年改正は、責任原因事実が発生した後、代表訴訟提訴前に合併や株式移転があったような一定の場合には、その後代表訴訟を提起できることとした（旧株主による代表訴訟）。

③会社法では、株主による「責任追及等の訴えが当該株主若しくは第三者の不正な利益を図りまたは当該株式会社に損害を加えることを目的とする場合」には、代表訴訟はできない。濫用的な場合について明文規定を設けたものである。

④代表訴訟の具体的な手続としては、まず株主は、会社に対して、会社が取締役等に責任追及等の訴えを提起するように請求する。監査役設置会社・監査等委員会設置会社・指名委員会等設置会社では、この請求を受けるのは、監査役・監査等委員・監査委員である。そして、会社が請求後六〇日以内に訴えを提起しない場合（訴えを提起するかどうかは監査役設置会社・監査等

委員会設置会社・指名委員会等設置会社ではそれぞれ監査役・監査等委員・監査委員が決定する)、自ら取締役等に対して訴えを提起することができる。なお、手続上の例外として、会社に回復できない損害を生じるおそれがあるときは、直ちに訴えを提起できる。会社が請求の日から六〇日以内に責任追及等の訴えを提起しない場合は、株主等から請求を受けたときは、会社はその者に対して訴えを提起しない理由を通知しなければならない。

⑤被告が原告株主の悪意(不当目的の場合と不当訴訟の場合をいう)を疎明したときは、裁判所は相当の担保の提供を命じることができ、実際にもよく使われる。

⑥代表訴訟において会社が被告取締役等の側へ補助参加する場合が実際にもよくあるが、監査役(または監査等委員・監査委員)全員の同意が必要である。

⑦二〇一九年会社法改正により、代表訴訟において和解をするには、監査役設置会社では監査役(監査役が二人以上ある場合は各監査役)の同意を、監査等委員会設置会社では各監査等委員の同意を、指名委員会等設置会社では各監査委員の同意を、それぞれ得なければならないものとする改正がされている。

株主による違法行為の差止め

取締役(または執行役)が法令または定款に違反する行為をした場合には会社に対する損害賠

償責任を負うが、このような事後の救済ではなく、その行為がされる前にそれを事前に防止できることが望ましい。

会社としては取締役のそのような違法行為を差し止める権利を当然有するはずであるが、会社がそれを怠る可能性があるため、個々の株主に一定の要件のもとで会社のためその差止めをする権利が認められる。このような差止請求権は監査役（または監査等委員・監査委員）にも認められる。なお、類似の制度が募集株式の不公正発行等の場合にも定められているが、制度の趣旨は異なる。

取締役（または執行役）が会社の目的の範囲外の行為その他法令・定款違反の行為をし、またはこれらの行為をするおそれがある場合で、その行為によって会社に著しい損害が生じるおそれがある場合には、六か月前から引き続き株式を有する株主は、その取締役（または執行役）に対して、その行為の差止めを請求することができる（非公開会社では六か月要件はない。また、六か月要件は定款で短縮できるが、他方、単元未満株式の株主については定款で権利行使できないと定めることができる）。請求は裁判外でもできるが、それでは有効に目的を達成できないときは、その取締役（または執行役）を被告として差止めの訴えを提起し、さらにそれを本案として仮処分の申立てをすることが可能である。

右の「著しい損害」は、監査役設置会社・監査等委員会設置会社・指名委員会等設置会社では「回復することができない損害」が生じるおそれがある場合に限定される。これは、「著しい損害」が生じるおそれがある場合には、監査役・監査等委員・監査委員が差止請求をする権限を有するからである。

8　会社補償制度とD&O保険に関する規律

二〇一九年改正は、会社補償という制度を新設した。会社補償というのはわかりにくい言葉である（英語では compensation ではなく indemnification という）。取締役が職務執行に関連して支出した費用や受けた損害を一定の範囲と条件のもとで会社が支払うことを意味する。二〇一九年改正は一定の場合について一定の手続を経て補償契約を締結して補償を実施する道を新設した（公開会社では一定事項の事後の情報開示も求められる）。また、会社役員賠償責任保険（実務ではD&O保険と呼ばれる）について、その一部に利益相反性があることにかんがみて、二〇一九年改正は改正前の会社法における不明確さを除去する趣旨で手続等の規律を新設した（詳細は省略する）。

第4章　株式会社の資金調達

1　利害調整法としての会社法

会社法による利害調整ルール

会社にはおカネを出す人と働く人がいる。前者は自然人である必要はなく法人でもよい。実際にも会社が他の会社の株式を保有するという現象は多く見られる。会社法の概説書などには「会社は資本と労力を結合する仕組み」だと書いてある。会社法に登場するのは、これらの人々の一部である。おカネを出すほうについて言えば、株式という形で出資をする者については会社法に詳細なルールが定められている。それ以外の形でおカネを出す人は、ごく一部の例外的な場合を除けば、一括して「会社債権者」(会社に対して債権をもつ人)として会社法に登場するだけである。働く人のほうは、取締役や監査役等だけであって、「社員」である労働者については、会社法上はほとんど登場しない(一部の場面で「使用人」という言葉で登場する)。労働者と会社との労働関係については、主として民法と労働法という法律で規律され、会社法上はほとんど規定はない。

さて、会社法の中心は私法的ルールと言われ、こうした会社にかかわる人々の利害の調整をする基本ルールを定めている。そもそも、なぜそのような法的ルールが必要なのであろうか。以下では、そのようなルールが必要な理由を例示してみたい。基本的な場面を三つあげる。第一は株主間の利害調整の場面、第二は株主と会社債権者との利害調整の場面、第三は株主と経営者（業務執行者）との利害調整の場面である。

株主間の利害調整の必要性

いま、一〇人（A～J）がそれぞれ一〇〇万円ずつ出資して、一〇〇〇万円の資金でパン屋を始めるとしてみよう。この場合、A～Jが一〇〇〇万円をパン屋に出資しようとするのは、そのほうがたとえば銀行の定期預金に預けておくよりも有利だと考えるからである。パン屋を株式会社形態で新しく事業を起こすとすると、A～Jは株主となる（T株式会社と呼ぶことにしよう）。

さて一年後に、当初の一〇〇〇万円が二〇％増えて一二〇〇万円（の財産）になったとする。その時点でA～Jは何を望むであろうか（例1）。

たとえばAは、この一二〇〇万円全額を使ってパン屋を続け、さらに一年後にたとえば二〇％増の一四四〇万円になることを期待するかもしれない（案①）。Bは、二〇〇万円を皆に分配し（自分の取り分は二〇万円）、残りの一〇〇〇万円でパン屋を続ける案を望むかもしれない（案②）。Cは、この際一二〇〇万円全額を皆で分けてしまう（自分の取り分は一二〇万円）ことを望むかもしれない(案③)。これには、パン屋の続行はもはやもうからないと考えるか、パン屋以外によりもうかる投資先があると考えるかなどの理由がありうる。

いずれにせよ、A〜J全員が①〜③のいずれでいくかに合意できれば問題はないが、そうはいかない可能性が高い。したがって、何らかの形で法が必要となる。

では、どのような法的ルールが考えられるであろうか。いろいろな可能性が考えられる。たとえば第一に、①〜③のいずれにすべきかを法自身が選択して指定するという方法も考えられなくはない(ルールⅠ)。第二に、法は①〜③のいずれにすべきかをA〜Jが決めるように求め、全員一致を求めると実際には動かないであろうから(一人でも反対すると事が決まらないので)、多数決で決めることとし、そのための公正な手続を用意することが考えられる(ルールⅡ)。第三に、①〜③のいずれにすべきかをA〜Jでなく、判断能力のある第三者に一定の注意義務を課した上で判断させるという方法も考えられる(ルールⅢ)。

ルールⅠ〜Ⅲのどれがもっともすぐれているかは難問であるが、重要なことは、A〜Jの間で意見の相違があることを前提として、A〜J間の利害を公平に調整するためのルールを設ける必要があるということである。

日本の会社法は、①か②かの選択についてはルールⅡを採用し、過半数の多数決(株主総会の普通決議)で決定することを原則としている。③をとるか否かは、三分の二以上の特別多数決

（株主総会の特別決議）による。

これに対して、たとえばアメリカでは、①か②かの決定についてはルールⅢを採用して取締役会が決定することとし、③の採否はルールⅡ（株主総会の普通決議）で決めることとする州が多い。

いずれにせよ、A～Jの利害を調整する公平なルールがないと、当初A～Jは安心して一〇〇〇万円を出資することができない。そうなると、この例のようなパン屋業は成立しないし、A～Jも銀行預金で甘んじるしかないこととなる。つまり、法が株主間の合理的かつ公平な利害調整のルールを用意していることが、合理的な出資を可能にし、株式会社制度を利用可能なものとするのである。

会社債権者がある場合

右に述べた単純な例を多少変更して、A～Jから各一〇〇万円、合計一〇〇〇万円を株主出資金として集め、さらにK（債権者）から一〇〇〇万円を五年間借金して、総計二〇〇〇万円でパン屋を営む場合を想定してみよう。Kの貸付けの条件は、毎年末に六％（すなわち六〇万円）の利息を支払い、五年後に元本を返済するものとする。

さて、一年後に、仮に二〇％もうかって二四〇〇万円となったとする。Kに六〇万円支払うと、残りは二三四〇万円となる。この時点でどうするか（例2）。

前述したように、二三四〇万円全額でパン屋を続ける（案①）、いくらかをA～Jに分配する（案②）、パン屋を解散する（案③）などの選択肢がありうるが、こんどは法はA～J間の利害調整だけを考えればよいということにはならない。Kの利害があるからである。

日本の会社法は、①か②かの選択については、前述したようにルールIIを採用し、株主総会の普通決議で決めることとしているが、②を選択しようとする場合には、利益の分だけしか（すなわち三四〇万円までしか）A～Jに分配してはならないこととしている（正確には少し異なるがここでは立ち入らない）。株主A～Jと会社債権者Kとの利害調整を図っているわけである。

③を選択するためには株主総会の特別決議を要するが、可決された場合には、まずKに元利金を返済したあとでなければA～Jに残余財産（Kに支払った残りの財産）を分配することはできない。

繰り返しになるが、法によってこのような利害調整が保障されているからこそ、Kは安心して貸付けを行うことができるのである。言い換えれば、法が公正な利害調整を行っていないと、Kはそもそも貸付けをしないこととなり、そうなると会社は貸付けによる資金調達ができないこととなり、ひいては多くの者から資金を集め事業を行うという株式会社制度そのものが成り立たなくなってしまうのである。

なお、余計なことを一言だけ述べておきたい。読者は、これらの例を見て、株主からすれば借金をしたほうが得だと思うかもしれない。株主にとって一年後のもうけは例1なら二〇%であるが、例2なら三四%となるからである。借金によるこうした効果を「テコの効果」（レバレッジ効果）と呼ぶことがあるが、実際には、そのような「うまい話」はまずない。そのことはここでは立ち入らない。

ついでに、もう一点。会社債権者といってもさまざまな者がありうる。会社法を勉強する際には、当面は、Kのような貸付債権者、社債権者、取引先でモノを供給する者（会社を買主とし売主となる者）、取引先でモノを購入する者（会社が売主、その者が買主となる）という四つくらいの類型を念頭に置くと便利である。実際には、これら以外にも多様な債権者がありうるし、労働債権者や不法行為債権者を念頭に置かなければならないような場面もある。

株主の投下資本回収

前述の例で、案③が選択されない限り、株主は出資した資金（一〇〇万円）をいつまでたっても返してもらうことができない。③が成立するためには、株主総会の特別決議が必要である。そこで、少数派の株主は、いかに投下資本の回収を望んでも、多数派株主が③を望まない以上、③の方法によることはできない。そこで、日本の会社法は、株主の投下資本回収のために、株式を第三者に譲渡することを原則として認めることとし、譲渡を法的に容易にするために、株式を有価証券化する道と振替制度を認めている。ここでも、会社法がこのような投下資本回収を可能にしているからこそ、A〜Jは当初安心して出資することが可能となるのである。

株主と経営者との利害調整

実は、株式会社の場合には、先の例で、すぐにパン屋業を始めることはできない。会社法は、実際にパン屋業を遂行する（業務執行をする）者を選ぶことを要求している。そのような業務執行者には株主自身（A〜Jの誰か）がなってもよいが、法は、取締役という者を一人は置かなければならないとしている（A〜Jの誰かが取締役になってもよい）。しかも、典型的には、取締役会設置会社といって、取締役を三人以上選任し、その者が取締役会を構成し、少なくとも一人を代表取締役としたうえで、さらに監査役を置くことを要求するのが通常である（このほかの「機関設計」も認められることは第3章で述べた）。

というわけで、A〜JはPQRを取締役に選任し、Pが代表取締役に選定されたとしよう。前述の簡単なほうの例（債権者がいないほうの例1）で考えると、この場合、Pは、一〇〇〇万円でパン屋業を営むわけであるが、一年後にそのもうけが自分のものになるわけではない。一〇〇〇万円という資金はPにとっては他人の資金であり、自分はいくらかの報酬（法は定款または株主総会決議で定めるとしている）をもらうだけである。一年後のもうけである二〇〇万円（簡単にするためＰへの報酬を支払った後の金額が二〇〇万円であるとしよう）は、その全額が「株主に帰属すべきもの」となる。こうした状況のもとでは、Ｐは（ＱＲも同じ）一生懸命には働かないかもしれない。たとえば、一〇〇万円とかを横領するといった不正行為も生じうるかもしれないが、そうした不正行為は刑法で抑止できるとして、何よりも、Ｐは仮にもし一〇〇〇万円を自分で出資していたら働いたであろう同等の働きをせずに、本来は二〇〇万円もうかるはずが、働き不足の結果一五〇万円のもうけにとどまるかもしれない。そこで、このようなＰ（ＱＲも同じ）の行動について何らかの法的ルールが必要になる。日本の会社法は、第3章で述べたように、Ｐ（ＱＲも同じ）に会社に対する善管注意義務と忠実義務を課し、民事責任を強化し、さらに具体的な規制を設けるなどして、取締役の任務懈怠や利益相反行為などから株主を保護しようとしている。

まとめ――三つの場面の関係など

以上に述べた三つの場面、すなわち(i)株主間の利害調整の場面、(ii)株主と会社債権者との利害調整の場面、(iii)株主と経営者（業務執行者）との利害調整の場面について、会社法はルールを設けているわけである。

最後に、以上に述べたことについて、注意すべき点が三つある。これらの三つの注意点は、次元が異なる。

第一に、以上の三つの場面のほかに、会社債権者と経営者との利害調整の場面は考えなくてよいか。もちろん論理的には、そのような場面も考えなければならない。しかし、会社法のルールを考える際は、通常は、会社債権者との関係では、株主＝経営者（経営者は株主の利益を代弁しそのために行動する）と仮定し、会社債権者と経営者との利害調整の場面は別の類型としては考えない。言い換えれば、会社債権者からすれば、仮に経営者が株主と異なる利益を追求して行動していたとしても、問題となる点はほとんど同じなので、株主との間の利害調整だけを考えればよいのである。

第二に、会社法がルールを設けているという意味は、民法等の一般的ルールだけでは足りないと考え、特別のルールを設けているということである。だからこそ会社法が存在し、本書も存在する(!)。

第三に、会社法のルール（会社法総則を除く）のすべてが前述した三つの場面に対処するルールで尽くされているというのは正しくはない。このほかにも、会社法には、会社と取引をする相手方を保護するルールが置かれている（たとえば表見代表取締役に関するルールがその例）。このタイプのルールも民法の特則であり、やはり会社法は民法だけでは足りないと考えて特別のルールを設けている。しかし、このタイプのルールは、民法を学んだ者にとっては、わかりやすい。前述した三つの場面に対処するルールのほうがわかりにくい。

では、会社法における私法的ルールはこれら四つ（前述した三つと取引相手方保護ルール）の場面のどれかに対応するものであると考えてよいか。答えは「よさそうであるが、注意しなくてはいけない点がある」ということである。まず、会社法は、仕組み自体について多くの規定を設けている。たとえば、「株式」とは何かについて多くの規定を置いている。株式といってもその「内容」とは何か、「種類」とは何かなどについて多くの条文がある。前述の例では出てこなかったが、「新株予約権」などというものもあり、これに関する条文も多い。また、業務執行者とは誰かなどについても規定を設けている。さらに、本書では立ち入ることができないが、ルール化の手法として、「集団的処理」とか、「情報提供」という手法を用いており、これらについての規定も数多く置かれている。こうした点にも注意しなければならない。

2　株式と資金調達

株式という不思議な仕組み

株式というのは不思議な仕組みである。株というと、上場会社の株を証券会社を通じて売買するという場面を思い浮かべるのが普通である。株を持っていると配当がもらえ、株主総会で議決権を行使する機会があるというのが普通のイメージだろう。しかし、この株式というものがいったい何かと問われると、答えは簡単ではない。法的にいっても株式が何かは簡単ではなく、会社法が株式について何を定めているのか、なぜそうした法規制が必要なのかとなると、一層むずかしい。

会社法は、株式とは何かという株式の内容から始めて実に多くの規定を置いている。株式の譲渡についてのルールと、株主(株式を保有する者)が会社に対して権利を行使するためのルールが基本といえるが、会社の事業という観点からみると、会社はいつでも追加的に株式を発行して新たな資金を調達することができ、これによって事業の拡大を図ることができる。逆に、事業資金が余れば、これを株主に配当したり存在する自社の株式を会社自身が買い取ったりして(自己株式の取得という)事業の規模を縮小することができる。

つまり、株主は資金を出す人であり、会社の事業の所有者でもある。後者の側面は第3章で述べた(といってもほとんどの決定・執行を取締役にゆだね、「所有と経営の制度的分離」がある)。本章では、資金を出すほうの側面を述べることになる。

こうした「伸縮自在」な株式という不思議な仕組みについて、会社法はどのようなルールを設けているのか、そしてそれはなぜなのかも、本章で述べる。

各種の資金調達手段

株式会社が事業活動を行うためには、資金が必要である。会社を設立する際には資金はすべて外部から集めなければならず、株式会社の場合には、会社法上、必ず株式を発行して会社の財産を形成することが要求される。会社をいったん設立すれば、その後は、事業活動によって得た利益を株主に配当しないで社内に留保し、事業活動のための新たな資金とすることも可能である(内部資金)。内部資金では不足の場合など、必要があれば外部から資金を調達することになる(外部資金)。

成立後の株式会社が資金を外部から調達しようとする場合、いろいろな方法がある。まず、銀行などから借入れをする方法が考えられ、実際にも広く行われている。しかし、そのほかに、株式や社債を発行して直接に資本市場から資金を集める方法があり、大企業はこれらの方法を盛んに用いている。

なぜ、株式や社債による資金調達が行われるのであろうか。大ざっぱに言うと、二つ理由がある。一つは、通常は銀行借入れよりも安上がりであること。もう一つは、株式や社債発行のほうが広く多数の者から資金を集めることができ、その結果、通常は巨額の資金調達が可能になる。

会社法のルールの必要性

株式や社債の発行につき、会社法はさまざまなルールを置いている。その目的は二つある。

第一の目的は、多数の者からの資金調達を可能にするために、株式や社債を有価証券化することである。有価証券とは権利を「紙」に結合する法的技術であり、それにより権利の譲渡や行使を容易にすることが目的である。目に見えない権利を紙に結合させて処理しやすくする工夫であるといってもよい。そのため、有価証券化する規定のほか、有価証券化された株式や社債の譲渡方法や株主や社債権者の権利行使の方法等に関する規定が必要となる。

もっとも、近年は有価証券を無券面化(電子化)した振替制度と呼ばれる仕組みへの移行が世界的な趨勢である。以前は権利を紙に結合させたが、コンピュータ時代には紙を廃止して、電子データとして処理するほうがすぐれているからである。日本もこの方向に進んでおり、社債については二〇〇六年から電子化した振替制度が動き始め、株式については二〇〇九年一月に上場会社の株式は一斉に電子化されて振替制度となった。この振替制度の理解は重要であるが、技術的になるので本書では立ち入らない。

第二の目的は、資金提供者間の利害を合理的に調整するルールを定めることである。先に述べたように、①株式や社債を通じて株式会社に資金を供給する者を保護する必要があり、②そのような資金供給者は複数（通常は多数）いるので、それらの者の間の利害を調整する必要があり、③それらの者以外の利害関係者（たとえば銀行等の貸付債権者や取引債権者）との間の利害を調整する必要があり、④株式や社債発行時においては、既存の株主や社債権者と新たに株主や社債権者となる者との利害を調整する必要がある。これらの利害調整を合理的に行えないと、誰も株式会社に資金を供給しなくなるので、株式会社は資金調達ができず、ひいては株式会社制度が利用されなくなってしまう。もっとも、会社法がルールを設けているのは以上に述べた局面の一部であって、あとは私法の一般ルール（民法など）にまかせている。なお、金融商品取引法などの特別法においても私法的なルールが設けられていることには注意が必要である。

授権株式制度

授権株式制度というのは、重要な制度である。「以前から株主であった者も新たに株主になった者も同じ扱いを受ける」（一株は一株として同じである）という株式の不思議と密接に関係する制度である。

授権株式制度とは、会社が将来発行する予定の株式の数（発行可能株式総数という）を定款で定めておき、その「授権」の範囲内で会社が取締役会決議等により適宜株式を発行することを認める制度である。「授権」とは、株主総会から取締役会への授権を意味し、歴史的には、株式の発行は株主総会で決めるのが原則であったことからくる名称である。また、「授権資本」という言葉を使うこともあるが、歴史的に見ると、株式と資本金との間に「株式の額面（株価）×発行済株式総数＝資本金」という関係が成立することを要求していた時代の用語であって、現在の会社法においてはこのような関係は発行直後を除いて求められていないので、このような用語は使わないほうがよい。なお、「資本」という言葉は、いろいろな意味で使われ、会社法の分野で使うときであっても「資本金」（貸借対照表上の数字）と同じ意味では必ずしもないので、注意する必要がある。

後述するように株式の発行は既存の株主の利益に影響を及ぼすが、発行のつど株主総会決議を要求すると、市場の状況等に応じた機動的な株式発行を行うことができず、したがって機動的な資金調達を阻害し、結局は株主のためにもならないおそれがある。そこで、会社法は授権株式制度を認めている。しかし、設立時には授権株式数（発行可能株式総数）の少なくとも四分の一は株式を発行しなければならず、また、定款の変更により既存の授権株式数自体を増加する場合にも、発行済株式総数の四倍までしか増加できない（四倍ルール）。ただし、非公開会社（全株式譲渡制限会社）ではこのような制約はない。

このように授権の限度を法定する理由は、どこにあるか。それは、取締役会等に無限の数の株式発行権限を認めるのは濫用のおそれがあると考えられることと、授権株式制度は授権後に登場する将来の株主の意思を反映していないことなどにあると言えるが、新株発行により既存の株主が被る持株比率の低下の限界を画するという点も重要である。

非公開会社についてこの四倍ルールの適用がないのは、そのような会社では、新株発行は株主総会の権限だからである。ただし、このような会社であっても授権株式数は定款で定めなければならない。

話を公開会社の場合に戻そう。

たとえば、設立時の発行済株式総数が一〇〇万株、授権株式数が四〇〇万株の会社では、その後、取締役会決議で（株主総会決議を経ないでも）三〇〇万株までの新株発行をすることができる。仮にもし発行済株式総数が四〇〇万株に達したような場合には、その後、株主総会決議で定款変更をして授権株式数を増加する必要がある。その場合、最大で一六〇〇万株まで増大できる（四倍ルール）。

問題は、第一に、授権の範囲内で取締役会決議により新株発行が行われたような場合に、既存の株主は何ら文句が言えないかである。会社法は、新株発行によって既存株主に経済的な不利益が生じる場合には、取締役会だけで新株発行を決めることはできないとしている。また、仮に発行価額（会社法では払込金額という）が公正であっても、既存株主の被る持株比率の低下という不利益に対処するために、会社法は、「著しく不公正」な方法による募集株式の発行は差止事由とする。このほか、二〇一四年改正により、支配株主の異動をもたらす新株発行は、原則として、一〇分の一以上の株主が要求すれば事前の株主総会決議が必要となった。

第二に、株式の消却などの結果、発行済株式総数が減少したような場合に、授権株式数は影響を受けるかである。会社法のもとでは、定款変更の手続が踏まれない限り、授権株式数は当然には減少しない（昔の登記実務では当然に減少すると考えてきた）。なお、この結果として、発行済株式総数が授権株式数の四分の一を割ることとなる事態も生じうるが、これはさしつかえない。この点はわかりにくいが、会社法のもとでの四倍ルールはこの場合にまで発行済株式総数が授権株式数の四分の一以上であるべきことを求めるものではない（もっとも、株式併合の場合は四倍ルールが二〇一四年改正で設けられた）。

新株発行における既存株主と新たに株主となる者との利害調整

先にあげたパン屋事業の例（A～J一〇人が株主であるT会社という例）で考えてみよう（各自が一株ずつ保有するとする）。そして、このT社が新株発行（会社法上は「募集株式の発行」と呼ぶ）をしようとする。

発行済株式総数は一〇株である。T社の価値（企業価値）は一〇〇〇万円であるとすると、一株の価値は一〇〇万円であることになる（簡単にするため負債はゼロとして考える）。

このT会社が新たに一〇〇〇万円の資金を新株発行によって調達しようとする。その結果、T社の企業価値は二〇〇〇万円になるとする。

たとえば、T会社が一株の払込金額を五〇万円として一般公衆に新株を発行する。この場合、新たに発行すべき株式数は二〇株ということになる（一〇〇〇万円÷五〇万円＝二〇株）。このような新株発行が行われると、その後の一株の株価は六六・六万円となるはずである。なぜなら、新株発行後のT社の企業価値は二〇〇〇万円であり、発行済株式総数は三〇株となるので、二〇〇〇万円を三〇株で割ると一株あたり六六・六万円となるからである。

このような新株発行が一株ずつ保有していたA〜Jという既存の株主の権利や利益にどのような影響を及ぼすかを考えてみよう。まず第一に、一株保有していた株主から見れば、従来は、自分の有する議決権等の価値が一〇分の一だったのが、新株発行により三〇分の一に薄められる結果となる。第二に、従来は一〇〇万円で売れた持株が六六・六万円でしか売れなくなり、持株の価値が低下し、その意味で経済的損失を被ることとなる。

このような既存株主の被る不利益、すなわち持株比率の低下と経済的損失の発生について、会社法がどうあるべきかは実は難問である。結論だけを言えば、法は既存株主の不利益を「ある程度」防止する必要がある。なぜなら、既存株主の利益がまったく保護されないとすると、誰も既存株主になろうとしない。すなわち、そもそもT社の株主になろうとする者が出てこないはずだからである。そうなれば、株式会社制度そのものを否定することになってしまう。

他方、既存株主の利益を完全に保護しようとすると、持株比率の低下を防止するために新株はつねに既存株主にその持株割合に比例して与える必要がある。そうなると、既存の株主だけが資金提供者ということとなり、たとえば既存株主が十分な資金を有しない場合などには（既存株主に借入れ等の能力はないと仮定する）、会社が必要な資金を集めることができなくなってしまう。その結果、十分な事業活動が行えないこととなり、ひいては既存株主の利益にもならない。したがって、法による既存株主の利益保護は「ある程度」ないし「合理的な程度」で必要だということになる。

考えられるルール

いま、およそ理論的に考えられるルールとしてどのようなものがありうるかを考えてみよう。

第一に、既存株主の利益を完璧に保護するためには、前述したように、新株は必ず既存株主に対してその持株割合に比例して発行することだけを認めるルールが考えられる（ルールａ）。

このルールのもとでは、新株の払込金額がいくらであっても、既存株主は、持株比率の低下を被らないだけでなく経済的損失も被らないことに注意すべきである。たとえば先の例で、払込金額を五〇万円とした場合には、既存の一株主は新たに二株を取得するので（一〇〇万円払い込むこととなる）、新株発行後の株価が前述したように一株六六・六万円に下落しても、いまや三株を保有しているので、結局二〇〇万円分の株式を保有していることになる（六六・六万円×三株＝二〇〇万円）。これは、従来一〇〇万円の時価の株式一株と現金一〇〇万円を保有していた状態と同じであるから、経済的損失はない。また、たとえば、払込金額がもっと低いような場合、たとえば一株一〇万円であっても、既存株主は経済的損失を被ることはない。新たに発行される一〇〇株（一〇〇〇万円÷一〇万円＝一〇〇株）につき、既存の一株主は新株一〇株を取得する（一〇〇万円出資する）が、新株発行後は一一株保有することとなり、他方、一株の株価は一八・二万円となるはずなので（二〇〇〇万円÷一一〇株＝一八・二万円）、経済的損失は生じない（一八・二万円×一一株＝二〇〇万円）。

第二に、経済的損失を防止するルールとしては、既存株主以外の者に新株を発行する場合には、既存株主に経済的損失を与えないような払込金額で新株発行を行わなければならないとするルールが考えられる（ルールb）。「既存株主に経済的損失を与えないような払込金額」とは、通常は時価であり、例では一株一〇〇万円である。例で、一株一〇〇万円で新株を発行すると、新規発行株式数は一〇株であり（一〇〇〇万円÷一〇〇万円＝一〇株）、新株発行後の株価は一株一〇〇万円のままのはずなので（二〇〇〇万円÷二〇株＝一〇〇万円）、既存株主は経済的損失を被らない。ただし、既存株主は持株比率の低下という不利益は被ることとなる（A～Jという一株主の場合で言えば持株比率が一〇分の一から二〇分の一に低下する)。

第三に、質の違った観点からのルールとして、既存株主の利益を害するような新株発行は、既存株主自身がそれを行うべきか否かを決定することとするルールが考えられる(ルールc)。先に述べたような不利益が生じるとしても、株主はそれを上回る利益を期待するかもしれない(たとえば調達した一〇〇〇万円で行う事業が大成功するなど)。理想を言えば、既存株主全員で決定することが望ましいが、現実的には全員一致を要求したのでは新株発行が不可能となるので、一定の多数決で決めることとせざるをえない。

なお、以上に述べた三つのルールのほかにも、たとえば事前の規制を置かないこととし、取締役の義務や多数株主の少数株主に対する忠実義務の問題として、事後的にその違反の有無を裁判所が判断するというルールも考えられる。アメリカの州会社法は、このルールに近い。株式の多様化が進展すると、日本の有利発行規制(次に述べる)のような事前手続規制はうまく機能しない面があり、立法論としては見直しが必要である。

日本の会社法のルール

日本の会社法は、まず第一に、非公開会社(全株式譲渡制限会社)については、ルールaを原則としつつルールcを併用する。すなわち、既存株主は新株の割当てを受ける権利を有するのが原則であり、新株発行の際に株主総会の特別決議でこれを排除することができる。「記号化」された会社法の条文をたどるのは簡単ではない（二〇〇五年会社法制定前商法では簡単であった）。

第二に、非公開会社で既存株主の割当てを受ける権利を排除した場合とそれ以外の場合（すなわち公開会社の場合）については、経済的損失の面につき、ルールbとルールcを組み合わせるルールを採用している。すなわち、既存株主以外の者に対する新株発行は「公正な払込金額」で行われなければならないが、第三者に「特に有利な」払込金額での新株発行も株主総会の特別決議を経れば行うことができる。この場合、持株比率の低下については、会社法はまったく手を打っていないわけではなく、ゆるやかな意味でルールcが課されている。すなわち、授権株式制度を採用し、授権株式数を定款記載事項とし、公開会社では授権株式数は発行済株式総数の四倍までに限るとしている（四倍ルール）。したがって、既存株主は、最高四倍までの限度で授権株式数の枠までは持株比率の低下を覚悟しなければならないが、それ以上の希薄化については、ルールcがあることになる。つまり、定款変更の株主総会特別決議が必要となる。さらに、会社法は「著しく不公正」な方法による募集新株の発行は差止事由とする。そして、二〇一四年改正により、支配株主の異動をもたらす新株発行は、原則として、一〇分の一以上の株主が要求すれば事前の株主総会決議が必要となった。

なぜ、会社法が以上のような複雑なルールを採用しているかというと、さまざまな沿革的な経緯があるが、理論的な理由は、ここで述べたとおりである。

有利発行

前述したように、既存の株主の利益保護のため、株主以外の者に対して新株を「特に有利な」払込金額で発行する場合は、株主総会の特別決議が必要となる。公開会社の場合には、通常は取締役会で払込金額を定めるので、その額が募集株式を引き受ける者に「特に有利な」払込金額である場合に、株主総会の特別決議が必要になる。

会社法の条文の書き方は、原則は株主総会決議(特別決議)で募集事項を定めるとし、その募集事項の決定を取締役会に委任できるとし(これも株主総会の特別決議)、さらに公開会社の特例を定めているので、非常に読みにくい。

いずれにせよ、公開会社であっても、払込金額が募集株式を引き受ける者に「特に有利な」ものである場合には、株主総会の特別決議が必要になる。その株主総会決議で払込金額の下限だけを定めて具体的な決定を取締役会決議に委任することもできるが、その場合の委任の「有効期間」は一年間である。株主総会では取締役は有利発行をする理由を説明する。

そこで、どのような場合が「有利発行」に該当するかが問題となるが、「特に有利な払込金額」(二〇〇五年改正前商法では「特に有利な発行価額」といっていた)が何かはむずかしい問題である。

第一に、一般に、公正な価額（通常は時価）を基準として一割程度低くても「特に有利」とはいえないと解されてきた（これまでの判例）。

第二に、一時的に株価が高騰しているような場合には、一時的に高騰した株価ではなく、一定期間の平均値などの株価を基準として考える（これも従来の判例）。

第三に、特定の第三者に事業提携等の目的で発行される場合であって、その提携等による効果が発行前に株価に反映された場合をどう考えるか。すなわち、このような場合には、反映前の株価を基準に発行しても「特に有利」には該当しないというべきか。

第三者割当て

先の例で、Ｔ社の企業価値は一〇〇〇万円であるとしたが、その意味をＴ社はそのパン屋事業によって、毎年二〇〇万円ずつの利益を上げるものと想定してみよう。そうすると、Ｔ社の現在の価値は、将来の利益を割り引くという方法によって算定することができる。

この事業のリスクプレミアム付き（リスクを織り込んだ）の金利を年二〇％と仮定し、毎年二〇〇万円ずつの利益を上げ続けると仮定する。そうすると、Ｔ社の現在価値は、一〇〇〇万円であることになる（算式は省略する）。

さて、ここで、先の例を変えて、T社は、新たに一〇〇〇万円調達して事業を続けるが、事業はリスクが高まり、しかしリターンも高まるため、調達後の新たな事業は毎年九〇〇万円の利益が期待できると仮定しよう。ただし、リスクも高まり、リスクプレミアム付きの金利は年三〇%に上昇すると仮定してみよう。

そうすると、T社の企業価値は三〇〇〇万円に上昇するはずである（ここでも算式は省略する）。

そこで、新たに発行すべき株式の数をS、発行すべき価額（払込金額）をPとすると、次のような「連立方程式」を解くことで、SとPがわかるはずである。

P×S＝一〇〇〇万円

P（一〇＋S）＝三〇〇〇万円

これを解くと、P＝二〇〇万円、S＝五となる。

つまり、新たに発行すべき株式数は五株であり、新株の払込金額は一株二〇〇万円である（ケース1）。

重要なことは、このような資金調達をして事業をすることで、T社の企業価値は三〇〇〇万円に上昇するということである。一株の株価も二〇〇万円に上昇する。これによって、既存株主（A～J）も利益を受けることになる。しかし、A～Jはどれくらい得をするのであろうか。得のしすぎではないだろうか。

この点は、直感的には意外とわかりにくい。そこで、たとえば、新たな資金である一〇〇〇万円を、新株発行ではなく、外部からの借入れで調達したとしたら、どうなるであろうか。

結論としては、同じである。要するに、T社の価値は、同じ三〇〇〇万円である。このうち外部負債となる一〇〇〇万円を除くと、株式の価値は二〇〇〇万円である。これを発行済株式総数である一〇株で割ると一株の株価は二〇〇万円となる。

さて、話を戻そう。新たな資金である一〇〇〇万円を新株発行で調達する場合の公正な払込金額とは、二〇〇万円である。そして、発行すべき株式数は五株となるのである。

ここで、仮にもし、一株の払込金額を一〇〇万円として新株発行をしたらどうなるであろうか（ケース2）。発行すべき株式数は、一〇株となる（一〇〇万円×一〇株＝一〇〇〇万円）。しかし、その結果、新株発行後の発行済株式総数は二〇株となり、一株の株価は一五〇万円となる。同様に、もし一株の払込金額を三三・三万円として新株発行をしたら、発行すべき株式数は三〇株となり、新株発行後の一株の株価は七五万円となる（ケース3）。

既存株主（A～J）から見ると、従来の持株の価値は一株一〇〇万円であったのだが、ケース3の場合だけでなく、ケース2の場合でも損害を受けるというべきである。負債で調達した場合と比較すれば、このことがわかる。なお、言うまでもないが、持株比率が薄まる点はここでは検討の対象としてはいない。経済的利益（正確にはキャッシュ・フローに対する権利）の面だけを検討の対象としている。

したがって、以上から、公正な払込金額は一株二〇〇万円であると言わなければならない。

以上の検討からいろいろなことが言えるが、ここでは、次の二点だけを述べておきたい。

第一に、実際の世界では、新たな資金調達によってどのように企業価値を高めることができるかがわからない場合が少なくない。そうなると実際には高まる企業価値を過小に評価する可能性が高い。そうすると、実はケース1であるにもかかわらず、二〇〇万円より低い払込金額で新株発行が行われる可能性があることになる。

従来、ファイナンス理論の分野で、公募時価発行は株主割当てと比べると既存株主に不利益をもたらす場合が多いなどと説かれるのは、この点である。ただし、株主割当てにも種々の難点があるので、実際にどちらが既存株主にとってベターであるかは、容易には判断できない。

第二に、前述のような企業価値の上昇が、特定の第三者（たとえばM）との提携の結果として発生するような場合で、そのMに新株を発行する（実務では第三者割当てという）場合は、どうか。

この場合には、Mが新株の引受けをしないと、T社の企業価値はもとのままである（例では一〇〇〇万円。この場合は負債で資金を調達したとしてもT社の企業価値は上昇しないと仮定する）。Mと提携すると企業価値は三〇〇〇万円となる。したがって、Mへの新株発行の払込金額が一株二〇〇万円でなく、それよりも低い価額であったとしても、既存株主（A〜J）は新株発行に応じるはずである。たとえば、払込金額が一株一〇〇万円であったとしても（ケース2参照）、新株発行後の株価は一株一五〇万円になるので、Mと提携しないよりもA〜Jにとって得だからである。

以上から、第三者との提携後のシナジー（提携で生じる相乗効果による企業価値の上昇分）が株価に反映しているような場合には、その部分を除いて考えた価額を基準として払込金額を決定してその第三者に新株を第三者割当ての方法で発行したとしても、「特に有利な」払込金額での発行であるということはないことになる。

有利発行がされた場合の効果

株主総会の特別決議を経ないで第三者への有利発行がされた場合の効果はどうか。

第一に、法律違反であるので、発行自体について差止事由になる。

第二に、新株発行無効事由になるか。法律関係安定のため、ならないというのが最高裁の判例である。

新株発行が効力を生じるまでの間は、違法性がある場合には広く差止めを認めても不都合はないが、いったん新株発行が効力を生じた後は、事情を知らない関係者も多数存在する上、株式の流通という取引の安全を保護する必要があるので、あまり広い範囲で新株発行の効力を否定することは認められるべきではないというのが、会社法の基本的な考え方である。

第三に、取締役は会社に対して責任を負うか。実際の発行価額と公正な発行価額との差額を会社の損害として、この取締役の対会社責任を認めた判例がある。しかし、会社に損害が生じたといえるかは議論の余地がある。

たとえば、T社が第三者Nに第三者割当てで新株発行をした場合で、一株一〇〇〇円が公正な払込金額であったとしよう。ところが、Nに対して一株六〇〇円で一万株の新株発行が(株主総会の特別決議を経ないで)されたとしよう。会社には四〇〇円×一万株＝四〇〇万円の損害が生じ、取締役は会社にその賠償責任を負うというのが右の裁判所の考え方のようである。しかし、はたしてそれは正しいであろうか。通常なら、仮にもし一株一〇〇〇円で発行していたとすれば、Nは六〇〇〇株しか引き受けなかったはずである(Nは六〇〇万円しか出さないはずである)。一株一〇〇〇円で一万株発行できたはずである(あるいはNは一株一〇〇〇円で一万株引き受けたはずである)と解するのは正しいとは思われない。そうした契約が存在した場合は別であるが。

したがって、会社に損害は発生せず、損害を受けた既存株主に対する取締役の責任が生じるとするほうが理論的にも実際にも妥当であるといえよう。

違法な株式発行

募集株式の発行(自己株式の処分を含む)の手続などに法令・定款違反や方法の著しい不公正があったような場合には、その株式発行の効力が問題となる。

会社設立時における株式発行に違法性があったなどの場合については、会社法は、株式発行の部分についてだけその効力を否定することは認めないで、設立無効の問題として処理することとしている。これは、当初の株式発行は会社設立の重要な一部をなすので、その効果を否定すべき場合には設立全体を無効とするのが合理的であるからである。

会社成立後の新株発行(自己株式の処分を含む)の場合については、会社法は、まず第一に、新株発行が効力を生じるまでの間は、違法な新株発行を「差し止める」制度を用意している(募集株式の発行の場合)。会社が法令または定款に違反し、または著しく不公正な方法で募集株式を発行し、これにより株主が損害を受けるおそれがある場合には、株主は会社に対して募集株式の発行の差止めを請求できる。この請求は訴訟で行うこともでき、その訴えを本案として発行差止めの仮処分を求めることもできる。第二に、新株発行が効力を生じた後は、新株発行無効の訴えおよび不存在確認の訴えという特別の制度を用意している。

主要目的ルール

上場会社(スーパーマーケット)二社が第三者から株式の買占めを受けたため、互いに大量の第三者割当てをした事例で、「従来の株主の持株比率に重大な影響を及ぼすような数の新株が発行され、第三者に割り当てられる場合、その新株発行が特定の株主の持株比率の低下と現経営者の支配権の維持を主要な目的とするときは、不公正発行にあたり、新株発行の差止めが認められる。また、主要な目的は違っても、新株発行により特定の株主の持株比率が著しく低下することを認識しつつ新株発行がされたときは、新株発行を正当化させるだけの合理的理由がない限り、不公正発行にあたる」として新株発行差止めの仮処分を認めた著名な判例(一九八九年)がある。ただし、その後の判例(二〇〇四年)により、後半部分が否定されている。これに対して、別の判例では会社に具体的な資金需要(資金調達のニーズ)があり、その調達方法として第三者割当てを行った場合には、著しく不公正な方法による新株発行とはいえないとされている。こうした判例理論は、新株発行の主要な目的が何であるかによって不公正発行かどうかを決めるルールであり、「主要目的ルール」と呼ばれている。

この主要目的ルールは、その後の裁判所の運用において、買収対抗策としての新株予約権の発行を差し止めた二〇〇五年のニッポン放送事件(第5章で触れる)を契機として、現に支配権についての争いがある状況のなかで取締役会決議で行われる新株発行（とくに第三者割当て）は、権限分配法理（株主総会と取締役会の権限に関する考え方）に基づいて、原則として現経営陣の支配権維持を主要目的とするもの（差止事由がある）と推認されるというルールに変容した。近年の裁判例の動向をみると、経営支配権争いがある場合において、株主総会の議決権行使の基準日後・総会前に新株発行が行われて会社が総会でその新株発行の割当先に議決権行使を認めたときに、支配権維持を主要目的とする新株発行と推認する（事実上の推定という）というのが、現在における主要目的ルールの運用であると見受けられる。

なお、前述したように、二〇一四年改正により、支配株主の異動をもたらす新株発行は、原則として、一〇分の一以上の株主が要求すれば事前の株主総会決議が必要となったことに注意する必要がある。この規律に違反すると、新株発行無効の訴えの無効事由になるとした判例がある。

上場会社のエクイティ・ファイナンス

日本の実務では、通常、新株発行は、「株主割当て」「公募」「第三者割当て」の三つに分類されるが、会社法上は、すべて「募集株式の発行」に該当する。一般に、新株を不特定多数の者に発行する場合を公募、特定の者（通常は一人）に発行する場合を第三者割当てという（株主以外の者への発行という意味で「第三者」割当てと呼ばれてきたようであるが、実際には割当てを受ける者は株主である場合が多い)。なお、会社法では新株発行と自己株式の処分を合わせて「募集株式の発行等」と呼ぶ。

これらのエクイティ・ファイナンス(会社法上の概念でいえば募集株式発行等による資金調達)は、株式会社とりわけ上場企業にとって基本的な資金調達手段である。と同時に、株式会社形態がもたらすメリットの代表的な側面でもある。にもかかわらず、日本の上場企業のエクイティ・ファイナンスについて、さまざまな問題点と課題が指摘されてきた。いわゆる不公正ファイナンスの手段としてエクイティ・ファイナンスが使われる、仮装の払込みがされる、割当先に問題がある、経営難に陥った会社によって無理なエクイティ・ファイナンスが行われる、大幅な希釈化を伴い既存株主の利益を損なうエクイティ・ファイナンスが行われるなどといった指摘がさまざまにされてきている。

第一に、第三者割当てについては、不適切な事例の経験を踏まえて、東京証券取引所は、上場会社が第三者割当てを行う場合で既存株主の持株比率の希釈化率が二五%以上となるとき、または支配株主が異動するときは、当該割当ての緊急性が極めて高いものとして同取引所が認めた場合を除いて、①経営陣から一定程度独立した者による第三者割当ての必要性と相当性に関する意見の入手、または②株主総会の決議などの株主の意思確認の手続を経ることを、同取引所が上場会社に対して定める「企業行動規範」の「遵守すべき事項」としている。そして、会社法の二〇一四年改正は、支配権の異動をもたらす第三者割当てについて一〇分の一以上の株主が要求すれば原則として株主総会決議を要することとし、また、仮装払込みへの対応を強化して、当時の問題に対処しようとした。

第二に、すべての株主に平等の機会が与えられるライツ・イシュー(ライツ・オファリングともいう〔この用語は、株主割当てのうちで新株予約権が発行されて既存株主の株式の割当てを受ける権利が市場で流通する形態のものを意味するのが通常である〕)については、近年その積極的な利用が説かれ、金融商品取引法改正・取引所の規則改正や会社法の二〇一四年改正により、利用しやすくなってきている。しかし、実際の事例を見ると、引受証券会社を置かない発行(ノン・コミットメント型の発行と呼ぶ)が圧倒的に多く、これらの事例についてはさまざまな指摘がされており、二〇一四年一〇月に東京証券取引所において規制が導入されている。

第三に、公募増資についても、近年、大規模な増資に伴う既存株主の持株比率の希釈化や株価の下落が指摘された。増資により短期的に株価が下落することは不自然なことではないのであるが、増資した会社が調達資金を活用して企業価値を高めるというストーリーが市場に受け入れられず、株価の大幅な下落を招いたと批判された。さらに、二〇一二年春以降、大型公募増資の発表前に引受証券会社から情報を入手した機関投資家が増資銘柄を売却するいわゆる増資インサイダー取引事件が摘発され、公募増資のイメージは急落した(二〇一三年の金融商品取引法改正につながった)。

第四に、以上のような状況を受けて、二〇一四年一〇月一日に、東京証券取引所等の自主規制機関である日本取引所自主規制法人は、エクイティ・ファイナンスに関する諸原則を定めている。

3　配当と自己株式の取得

むずかしい会社債権者保護

二〇〇五年会社法は、配当と自己株式の取得の規制について、大幅な見直しをした。その骨子は、配当と自己株式の取得とを会社存続中の会社財産の株主への払戻しとして統一的に把握して、横断的な規制を整備した点にある。

しかし、本書では、この規制の内容の詳細は紹介しない。複雑すぎるからである。なお、上場会社等における実際の実務では、法が認める最大限度額いっぱいの配当が株主に払われる例はない(利益の多くは内部留保される)。

以前は、日本の上場会社は利益の内部留保を重視し、配当は少なかった。一九八〇年代以降多少の変化の兆しがみられたが、近年になって株を取得したファンドなどの大株主の要求に応じて、あるいは敵対的買収の防衛策として、大幅な増配をする方針に変更する企業がかなり出てきている。

いずれにせよ、会社法の考え方は、ひらたく言えば会社の利益、法律上の言葉では「剰余金」の範囲内で配当その他の財産の払戻しを認めるというルールが基本である。ただ、会社法では、期末後の剰余金の変動などの考慮といって、前期末の剰余金の額が一〇〇だったとしても、その後の変動によりこれが六〇とか一五〇とかになればその数字を基準として「分配可能額」を計算し、その額を最高限度としてその限度内で配当などを認めるという複雑な仕組みが採用されている。

本節では、分配規制の詳細よりも、会社法における会社債権者の保護、より正確には、会社債権者と株主との利害調整のルールの考え方について、以下で述べることとしたい。この考え方も簡単ではない。

会社債権者保護のためのルールの二つの柱

いま会社法が存在しないとしてどうなるかを考えてみよう。ただし、株式会社に法人格は認められると仮定する。AとBとが一〇〇万円ずつT会社に資金を出すとする。

この場合、民法の世界だけだとすると、AとBとはいずれもT会社に対する債権者となる。そして、たとえば、AB間に「優劣」をつけることも、契約によって可能である。すなわち、AB間で(あるいはABT三者間で)契約して、Aの債権はBの債権よりも劣後すると決めれば、そのような取決めは破産法上も有効である。

しかし、こうしたABの数が増えてくると、当事者間の契約で決めることは容易ではない。そこに、会社法が一律に基本ルールを定める意味がある。

そこで、会社法が一律にルールを定めるとした場合、どのように定めたらよいか。

これには、大きく分けて二つの柱がある。一つは、優劣そのものをうまく定めることである。もう一つは、優劣そのものをうまく定めたとして、その結果生じる株主と会社債権者との間の利害調整ルールを定めることである。この二つ目が必要かどうかは自明ではない。しかし、右の民法の例で、AはBより劣後するとだけ定めても契約としては十分とはいえない。このことを簡単に述べるのは容易ではないので、とにかく第一の柱から始めよう。

第一の柱である「優劣そのものをうまく定める」ためにはどのように定めたらよいか。

これも簡単な問いではない。たとえば、「株主は債権者に劣後する」と規定したらどうか。そうした規定の日本語としての意味すらよくわからない。とくに、誰か債権者が存在する以上は株主は会社から一円も受け取れないという意味だとすると、おそらく株主になるような者は誰も出てこないであろう。

では、実際に、会社法はどのように定めているのであろうか。

会社法には次のような規定(五〇二条)がある。「清算株式会社は、当該清算株式会社の債務を弁済した後でなければ、その財産を株主に分配することができない。(以下略)」

要するに、会社は清算するときには、まず債権者に払って、その後で残りがあれば株主に払うというルールである(株主の残余財産分配請求権という)。

ところが、問題は、会社が清算するまで株主には一円も支払えないとすると、誰も株主にはならないであろう。会社は永続するのが通常だからである。理論的には、会社の利益は株価に反映するはずなので、株主の投下資本回収は株式の譲渡が可能であればよいというべきかもしれないが、実際問題として、解散するまで一円も会社からもらえないというのでは、将来キャッシュ・フローが読めない。

そこで、右の会社法の規定は、「会社が清算するまで株主には一円も支払えない」と定めているのではない。「清算する場合には」と定めているのである。

では、継続中はどのようなルールか。

それは複雑であるが、一言で言えば、「払戻しルール」あるいは「分配規制」と呼ばれているルールである。前述したが、剰余金のうちの一定額(分配可能額)を最大限度として株主に払ってよいというルールである(これが配当と自己株式の取得の規制である)。

では、このようなルールだけを法が定めておけばよいか。ここで第二の柱が問題となる。詳細については省略せざるをえないが、この先を考える上でポイントとなる点は二つある。

第一は、新たに登場する債権者は、登場する際に通常は契約条件等で対応できるので、そのような債権者を保護するルールを(契約についての民法などの一般法以上に)会社法が定めることは原則としては不要であるということである。

第二は、債権者が登場した後で、株主により事業リスクが高められると(あるいはリスクが上昇するように会社事業の運営が変更されると)、すでに存在している債権者は損害を受けるということである。この第二点については、そのこともあらかじめ想定して当初の契約条件を定められるはずだとの議論が当然ながらありうる。しかし、ここでは、それは容易でないと考えて、先に進もう。

さて、そこで第二の柱が登場する。

実際の日本の会社法は、リスク変更についての株主と会社債権者との間の利害調整のルールとして、事後ルールと事前ルールとを用意している。

右に述べたリスク変更についての事後のルールとして、役員等の第三者に対する損害賠償責任(第3章参照)と法人格否認の法理がある(後者は判例によって確立しているルールで、法人性を否定して背後の株主に責任を負わせるルール）。これらは民法の詐害行為取消権を会社法化したものだということもできる。

事前ルールとしては、会社債権者異議手続というのがある。これは、一定の行為をリスク変更が生じうる行為として類型化して、会社債権者に異議があれば申し出る機会を与え、異議を唱えた債権者には弁済などをするやり方である。一定の行為といってもどこかに線を引くしかないので、現行法は、合併などの一定の場合にこのルールを採用している。

なお、資本金減少の場合にも会社債権者異議ルールがあるが、これは、資本金という制度は分配規制の一部であるので（資本金は剰余金を計算するための技法である）、理屈としては第一の柱のほうに整理するのがよい。

4　「株式」という仕組み

株式とは何か

前述したように、株主は、会社におカネを出すヒトであり、事業の所有者でもある（所有者とは事業の運営を主として取締役の選任を通じて支配するという意味である）。

その株主の地位を「株式」と呼ぶが、株式というのは不思議な仕組みである。

株式とは、株式会社における出資者である株主の地位を細分化して割合的地位の形にしたものであり、それは、多数の者が株式会社に参加できるようにするための法的技術である。すなわち、株主の会社に対する法律関係を明確にし、株主の権利行使や会社から株主に対する各種の通知や配当の支払等を容易にするためと、株主が投下資本回収のために株式を譲渡することを容易にするためである。それでこそ多数の者が安心して株式会社に株主として出資することができ、株式会社制度が成り立つ。

株主の義務

株主はその有する株式の引受価額を限度とする責任を負うだけである。それ以外に義務や責任はない(「株主有限責任」の原則という)。

株主の権利

株主の権利は、自益権と共益権とに分類される。

自益権は、会社から直接経済的な利益を受けることを目的とする権利であり、剰余金配当請求権と残余財産分配請求権とが中心であるが、そのほかにも株式買取請求権などがその例である。

共益権とは、会社の経営に参与することを目的とする権利であり、株主総会における議決権が中心であるが、そのほかにも株主総会決議取消訴権や取締役等の違法行為の差止請求権などのように株主総会の決議や取締役の業務執行等の会社の運営を監督是正する権利が含まれる。なぜ両者を区別するかといえば、共益権のほうは権利行使の効果が他の株主にも直接的に及ぶため権利行使に制約を認めるべき場合があるからである。

共益権のうち、なぜ議決権のほかに各種の監督是正権を会社法は認めているのであろうか。それは、議決権だけを認めることとして、経営の監督は取締役会や監査役等による監督・監査と取締役の責任にゆだねるのでは不十分であって、株主にある程度の監督是正権を認めたほうが合理的であると法は考えたためである。

株式の内容

会社法は、各株式の権利の内容は同一であることを原則とする。しかし、その例外として、一定の範囲と条件のもとで、定款ですべての株式の内容として特別なものを定めることと、定款で権利の内容の異なる複数の種類の株式を発行することを認めている(種類株式制度)。

会社法がこれらの株式の発行を認める趣旨は、一定の範囲と条件のもとで株式の多様化を認めることにより、株式による資金調達の多様化と支配関係の多様化の機会を株式会社に与えるためである。

二以上の異なる「種類」の株式を発行する場合に、標準となる株式を「普通株式」というのが従来の説明である。しかし、「普通株式」という言葉は条文には出てこないので、むしろ次のように「普通株式」を定義しておきたい。それは、会社が右の定款の定めを何も置かないような場合に、会社法がその内容を自動的に定めてくれるものを普通株式と定義する。

日本の上場会社の多くは、この意味での普通株式だけを発行する会社である。この普通株式は、その内容はすべて同一であって、法が例外を認める場合を除いて、定款などによりその内容に差を設けることは許されない。

注意すべき点がいくつかある。たとえば第一に、繰り返しになるが、株式の内容について何も定款で定めなければ、すべての株式は普通株式となり、その内容は会社法で定まる。

第二に、たとえば、次に述べる優先株式を定款で定めると、その会社は普通株式と優先株式との二種類の株式を発行することになる。しかし、普通株式の内容は定款で定める必要はない（法が定めてくれる）。俗に「種類株式」などという場合は、この例で言えば、優先株式を意味し、普通株式は意味しないことが多いが、会社法上は、どちらも種類株式である。

優先株式

イメージをもつために、具体例をあげてみよう。普通株式だけを発行していたT会社は、経営状態が悪くなった。そこで、魅力的な条件で出資者を募るために普通株式よりも配当が優先する優先株式を発行しようと考えた。たとえば、その優先株式の株主には、普通株式の株主に先立って一株あたり五円の配当金を支払うこととした。優先株式に出資してその株主になる者は議決権には関心がない。そこで、この優先株式を無議決権株式とすることとした。

この優先株主に毎回五円の優先配当をした後、どうするか。さらに利益(会社法では正確には剰余金)がある場合、それは普通株主だけに配当するか、それともその場合には普通株主・優先株主双方に配当するか(後者の場合は、優先株主は五円プラス普通株主への配当分と同等の額を配当として受け取れる)。逆にそもそも利益が一切あがらないような場合には五円の配当すらできない。その場合には、五円分を累積させて、翌期に一〇円を優先配当金とするか(このようにすると五円は貸付金の利息に近くなる)。ここでは、五円プラスの配当はしないとし、五円払えない場合は翌期に累積させることにしよう(こういうタイプを「非参加的」「累積的」優先株式という)。

さて、しかし、優先株式も株式である以上、借金と異なり、いつまでたっても元本返済時期が来ない。会社は永遠に優先配当をし続けるのでは負担が重い。とくに業績がよくなったような場合には、何とか優先株式を消したい、というか言わば借金を返済したい。そこで、一定時期になったら言わば元本を返済することとしたいが、どうしたらよいか。そのためには、たとえば、一定時期(たとえば一〇年後)になったら(あるいは一定の条件が満たされたら)優先株式を強制償還すると定める。その意味は、株主の意思にかかわらず会社が一定金額で買い戻して消すという意味である。しかし、全額現金で消すのは現金を用意するためコストがかかるので、いっそ優先株式を普通株式に変えてしまうのはどうか。こういうのを強制転換株式などと二〇〇五年改正前商法では呼んでいた。「転換」とは、優先株式から普通株式へ転換するという意味である。

もっとも、会社のほうの都合だけで転換を強制するという内容にしても、そういう優先株式の引受け手が出てこないでは困る。そこで、一定期間、優先株主のほうの選択で普通株式への転換も認めることもある。これらは会社法のもとでは原則としてすべて定款で定める。ただ、条文上は読みにくい。

種類株式の利用

日本では、昔は、こうした種類株式はあまり使われなかった。しかし、近年、非上場会社でも上場会社でも、種類株式が使われ始めるようになってきている。非上場会社では出資関係と支配関係を多様化する手段として使われるが、上場会社でもそうした目的その他の目的で使われる例が出始めている。たとえば、二〇一四年三月に東京証券取引所に上場したサイバーダイン社は、A種株式を一〇〇株＝一単元、B種株式を一〇株＝一単元とし（その結果、B種株式の議決権はA種株式の一〇倍となる）、創業者がB種株式（総議決権の八七・七％）を保有し、A種株式（総議決権の一二・三％）を上場している。また、トヨタは二〇一五年六月の株主総会で新しいタイプの種類株式の発行を決めて発行し、話題を呼んだが、この株式は、その後消却されている。

株主の平等取扱い（株主平等の原則）

株主は、株主としての資格に基づく法律関係については、その有する株式の数に応じて平等の取扱いを受けるべきであるという原則が認められている（通常「株主平等の原則」と呼ぶが、「株式平等の原則」というほうが正確である）。

この原則の意味は、各株式の内容が同一である限り同一の取扱いがされるべきであるということである（会社法で明文化された）。最高裁は、二〇〇七年に、ブルドックソース社の事案（第5章で触れる）において、買収対抗策としてされた新株予約権者の差別的な取扱いを内容とする新株予約権無償割当てについて、会社法が定める株主平等の原則の「趣旨」が及ぶと判示した。会社法が明文の規定を置く平等原則（狭義の平等原則）では、平等性は形式的に判断されるが、この平等原則の背後にある衡平の理念（最高裁のいう「平等原則の趣旨」、広義の平等原則といってもよいだろう）にかんがみて問題となる取扱いの合理性が問題となるというべきであり、その合理性（平等性）は実質的に判断されるということが、重要である。

株主の地位（株式）の譲渡――株券という仕組み

会社法は、株式会社における株主の地位を細分化した割合的単位（株式）としているが、旧商法の二〇〇四年改正前までは、それを有価証券化することを要求していた。

二〇〇四年改正は、株券不発行制度を新設し、定款で定めれば株券を不発行とする道を認めた。このような株券不発行制度を導入した趣旨は、対象となる会社のタイプに応じてまったく異なることに注意する必要がある。すなわち、一方で、その発行する株式に高度な流通性が必要な会社（上場会社等）については新しい振替制度への移行（二〇〇九年一月に実現した）を構想して株券のペーパーレス化を強制するとともに、他方において、そのような振替制度利用会社以外の会社については、とくに中小会社を念頭に置いて、株式の市場での流通性を高める必要がないため、株券の不発行を認めることとした。

実際問題としても、二〇〇九年の振替制度施行以降、上場会社は、その株式はすべて振替株式となったので株券不発行会社となり、他方でそれ以外の株式会社は中小の会社が多いため、株券不発行会社が多いと思われ、日本の株式会社で株券発行会社は少なくなっている。

そこで、会社法は、条文の構成としては以上の原則と例外を逆転させて、株式会社は原則として株券を発行しないものとし、株券の発行を定款で定めた場合に限って株券を発行することとしている。

株式の譲渡

(1) 株券発行会社の場合　株式の譲渡は、株券を譲受人に交付することにより行う。株券の引渡しは権利移転の要件であり、単なる対抗要件ではない。

なお、株券を喪失した場合には、株券失効手続により喪失株券を無効とし会社に対して株券の再発行を請求できる。

(2) 株券不発行会社の場合　株券不発行会社（株券を発行する旨の定款の定めがない会社）の株式の譲渡は、振替株式には特別法が適用されるが（詳細は省略する）、それ以外の場合の一般ルールとしては、譲受人（取得者）の氏名または名称と住所を株主名簿に記載しなければ、会社その他の第三者に対抗することができない。

株式譲渡の自由

株主にとっては、会社の解散や剰余金分配等の場合を除き、株式を譲渡する以外には投下資本を回収する方法がない。そこで、会社法は、原則として株式の自由譲渡性を認めるが、例外として、法律による制限、定款による制限、契約による制限がある。

投下資本の回収の道を閉ざすと誰も株主にならず株式会社制度が成り立たないので、制限がある場合でも投下資本の経済的な回収はできるように制度上手当てされ、あるいは解釈上工夫しなければならない。

株主の会社に対する権利行使

会社法は株式の流通面と権利行使面とで異なる仕組みを設けている。すなわち、株券が発行されている場合であっても、会社に対する権利行使の仕組みとして、株主名簿という制度を採用している。その理由は、株主名簿がないと、多数の絶えず変動しうる株主に対する会社からの各種の通知や株主の権利行使をスムーズに行うことが困難となるからである。したがって、株券発行会社では、株式を譲渡するには、譲渡当事者間では株券の交付が必要十分条件であるが、会社との関係では、株式を譲り受けた者は株主名簿上の名義を自分の名義に書き換えてもらう必要がある。これに対して、株券不発行会社では、株主名簿上の名義書換が株式の譲渡の会社および第三者に対する対抗要件である。なお、二〇〇九年一月から施行されている振替制度の適用会社では、口座の保有欄への数の増加の記載が譲渡の効力要件かつ会社以外の第三者に対する対抗要件である一方、株主名簿の書換等について特別の規律が定められているが、省略する。

5　社債とは何か

社債とは

社債とは、通常は、公衆に対する起債によって生じた会社に対する多数に分割された債権であって、それについて有価証券（債券）が発行されるものをいうと解されてきた。二〇〇五年会社法制定前商法は社債の定義規定を置いていなかったが、会社法は、社債を「この法律の規定により会社が行う割当てにより発生する当該会社を債務者とする金銭債権であって、募集事項についての定めに従い償還されるものをいう」と定義した。

また、会社法は、会社法上のすべての種類の会社が社債を募集形態で発行することができることを明らかにした。以下、株式会社が社債を発行する場合を念頭に置いて述べる。

なぜ会社法は規定を置くのか

社債もその法的性質は金銭債権であって、たとえば銀行借入れと同じである。にもかかわらず、なぜ社債について会社法が特別の規定を置くのであろうか。それは、①社債を有価証券化する（または振替制度にのせる）ためと、②社債が公衆に対する起債によって生じるという集団性があるためにその発行について特別の技術的処理を設けることが妥当であり、また、③多数の社債権者を保護しまた集団的な取扱いをすることが必要であると、日本の会社法は考えたためである。英米の会社法は日本の会社法のような社債に関する規定を設けてはいない。

なお、会社が物上担保付の社債を発行する場合については、担保付社債信託法（担信法）が重要な特別規定を設けている。日本では、戦後しばらくの間は事業会社が発行する社債はすべて物上担保付社債であったが、近年は無担保社債の発行が普及している。

社債の発行

株式会社が社債を発行するためには取締役会設置会社では取締役会の決議が必要である（指名委員会等設置会社では執行役に委任でき、監査等委員会設置会社では一定の条件を満たした場合には取締役に委任できる）。また、原則として社債管理者（二〇〇五年改正前商法では社債管理会社と呼んでいた）を設置し、社債権者のための社債の管理を委託しなければならないが、例外として、各社債の金額が一億円以上である場合その他法務省令で定める場合には、社債管理者の設置は不要である。なお、社債管理者になれるのは、銀行・信託会社またはこれに準じる者として法務省令で定める者に限られる。証券会社は社債管理者にはなれない。

二〇一九年改正は、社債管理者が置かれない社債(担保付社債を除く)について、社債管理補助者という制度を新設し、そのような社債について、社債発行会社の選択により、社債管理補助者を置くことを認めることとした。この社債管理補助者になれる資格として、社債管理者になれる者に加えて、弁護士および弁護士法人が追加された。

以上のほか、二〇一九年改正は、社債権者集会が多数決で社債の元利金の減免をする権限を有することが明文化された。また、社債権者の全員の同意があった場合には社債権者集会の決議の省略が認められることになった。

第5章　設立、組織再編などの企業買収、事業再生

1　株式会社を設立するには

変幻自在な会社

会社というのは不思議な存在である。いつでも誕生し、いつでも死ぬことができる。また、他の会社とくっついたり離れたり、変幻自在である。「法人」というものが、法が作ったヒトであるということの不思議さである。

本章では、株式会社を誕生させる「設立」、他の会社との合併などの「組織再編」などの企業買収（M＆Aともいう）、「企業グループ法制」、そして業績が悪くなった会社の「事業の再生」について述べる。

設立とは何か

株式会社の設立とは、法的にむずかしくいうと、株式会社という団体を形成し、株式会社が法人格を取得し、法律上の人格者（法人）になるということである。

次のようなプロセスを経る。

①団体の根本規則である定款を作成する（そして公証人の認証を受ける）。
②株式発行事項を決め、株式の引受けを確定する。
③機関（取締役など）を決める。
④株式の引受人が出資の履行をして会社財産を形成し、その結果として設立時の株主を確定する。
⑤以上の会社法のルールに従って株式会社としての実体が形成されると、設立の登記をする。この登記によって株式会社は法人格を取得し、成立する。

会社法は、設立についてもずいぶん多くの規定を置いているが、以下ではそのポイントを述べる。

発起設立と募集設立

二〇〇五年会社法は、それ以前の商法を引き継いで、発起設立と募集設立との二種類の設立方法を認めている。

発起設立とは、設立の企画者であり設立事務を執行する者（発起人）が設立の際に発行する株式（設立時発行株式）のすべてを引き受け、会社成立後の当初株主になる形態の設立方法である。

募集設立とは、発起人は設立の際に発行する株式の一部だけを引き受け、残りについては発起人以外の者に対して募集を行い、そのような発起人以外の者が株式の引受けを行って、発起人とそのような者とが会社成立後の当初株主になる形態の設立方法である。

以上の方法以外の方法で会社が設立される場合がある。それは、新設合併、新設分割、株式移転の場合である。これらの場合にも、設立される会社の設立登記によって新会社が成立するが、その実質はすでに存在している会社の衣替えである。

以下では、ゼロから会社を誕生させる発起設立と募集設立のメリットとデメリットを考えてみよう。

たとえば、ＡＢＣ三人がそれぞれ一〇〇万円ずつ金銭を出資してＴ株式会社を設立すると想定しよう。この場合には、三人ともが発起人となって発起設立の方法をとるか、たとえばＡだけが発起人となって募集設立の形をとってＢＣは株式引受人となるという方法をとるかという選択肢がある。なお、発起人は必ず一株は引き受けなければならないので、発起人はつねに株式引受人となる。

一般に、会社法の概説書などには、「発起人だけで当初の出資をまかなうことが困難な大規模な株式会社を設立するには募集設立のほうが適していると言えるが、株主の募集や創立総会

（募集設立に要求される設立時株主による総会をいう。設立時取締役の選任などをする）の手続を経なければならない点で、発起設立に比べて面倒である」などと書かれている。

しかし、右のようなＡＢＣ三人の例であっても、二〇〇五年会社法制定前の商法の下では、募集設立の方法をとることが多かったようである。その主な理由は二つあると言われていた。第一に、発起人となり定款に実印を押すためには各人の印鑑証明書をとる必要があり時間がかかる。第二に、発起設立だと公証人による定款の認証を受けた後に定款を変更する方法がなく、変更が必要となった場合には定款を作り直して認証を受けなおす必要があった。募集設立の場合は創立総会で定款の変更ができ、変更後の定款は認証を受ける必要はない。

会社法では、定款の絶対的記載事項（必ず定めなければならない事項。後に述べる）が減り、かつ、発行可能株式総数は認証を受ける最初の定款で定めずに会社成立までに発起人全員の同意で定めればよく、認証後の定款変更といった事態が生じる可能性がほとんどなくなった。また、金融機関による払込金保管証明手続が発起設立の場合には不要となったので、その手数料を節約できるようになり、そしてまた、設立登記前でも払込金を使用できるようになった。これらの点から会社法制定前の商法と比べて発起設立が利用しやすくなったと考えられる。

しかし、何かの事情で払込みに支障を来すような事態が発生しうることを考えると、募集設立の方法のほうが安全ともいえそうである。すなわち、たとえば、前述の例で、ＡＢＣが発起設立をした場合、仮にCの払込みができなくなったような事態が生じたとする。発起人は必ず一株は引き受けなければならないので、Cが脱落すると、設立をやり直さなければならなくなってしまう。

最低資本金制度の廃止

二〇〇五年会社法制定前の商法と有限会社法が採用していた設立時の最低資本金制度(株式会社一〇〇〇万円、有限会社三〇〇万円)は、会社法により廃止された。この結果、出資額は一円以上である必要があるが、会計基準しだいでは、設立時の資本金の表示額はゼロ円となってもよいとされている。起業をしやすくするための改正である。ただし、資本金の額をマイナス表示することまでは認められない。もっとも、資本金の額は剰余金分配規制(第4章参照)において意味を持つので、会社法は、最低資本金制度は廃止したが、剰余金分配規制において会社の純資産額が三〇〇万円を超える場合しか分配できないこととしている。

定款の記載事項

株式会社の設立手続は、一般に、定款を作成して公証人の認証を受けることから始まる。最初の定款(「原始定款」と呼ぶことがあるが、原始定款とは公証人の認証を受ける対象となる定款の意味と解するのがわかりやすい）には、何を記載すべきか。

ところで、条文は、書面の場合には「記載」、電磁的記録（電子データ）の場合には「記録」と書き分けている（定款以外の場合も同じ）。本書では、簡単のため、「記載」という言葉だけを使うこととする。

定款に必ず記載しなければならない事項を「絶対的記載事項」という。その記載がないと定款全体が無効となる。次の六つの事項がある。

①目的
②商号
③本店の所在地
④設立に際して出資される財産の価額またはその最低額
⑤発起人の氏名または名称と住所
⑥発行可能株式総数

設立の登記をするまでには、右のすべての事項の記載が必要となる。⑥は、定款認証時には不要で、会社成立時までに発起人全員の同意で定めることが認められる。これを原始定款で定めた場合には、その後に発起人全員の同意で変更もでき、改めて認証を受ける必要はない。

なお、公開会社では、「設立時発行株式の総数」は発行可能株式総数の四分の一以上でなければならない。いわゆる「四倍ルール」である(第4章参照)。

前述したＡＢＣの設例でいうと、たとえば、発行株式総数を三株、発行可能株式総数を一二株と定めることとなる。

定款の記載事項と登記すべき事項とは同じではない。右のうち、①②③⑥は登記事項であるが、④⑤はそうではない。

株式発行事項の決定

設立の際の株式(設立時発行株式)に関する事項のうち、設立に際して出資される財産の価額またはその最低額は定款で定める必要があるが、それ以外は、定款外で決めてよい。原則として発起人の多数決で決定できる。その例外として、次の三つの事項は、発起人全員の同意で決めなければならない(定款で定めることもできる)。発起人全員の同意に特別の方式は要求されないが、設立登記申請に発起人全員の同意を証明する書面の添付が必要である。

①発起人が割当てを受ける設立時発行株式の数

②右の設立時発行株式と引換えに払い込む金銭の額
③成立後の株式会社の資本金・資本準備金の額に関する事項

設立時発行株式の引受け

発起設立の場合は簡単で各発起人が株式を引き受けるが、募集設立の場合は引き受ける者を募集し、申込みに応じて割り当てると引受人が確定する。これは建前で、前述した例の場合には、どうせＢＣしか申し込まないので、ＢＣが引受人となる。なお、募集する相手は一人でもよい。

設立時取締役・設立時監査役等の選任

発起設立の場合には、発起人は一株につき一議決権を有し、その議決権の過半数で設立時取締役・設立時監査役等を選任する。募集設立の場合には、創立総会という会合を開かなければならない。そこで設立時取締役・設立時監査役等を選任する。

全額出資ルール

発起人は設立時発行株式を引き受けた後遅滞なく、募集設立の場合の募集株式の引受人は発起人が定めた払込期日または払込期間中に、引き受けた株式につき払込金額全額の払込みをし、また現物出資の場合はその全部の給付をしなければならない。これを「全額出資ルール」といい、株式会社の重要なルールの一つである(持分会社のうちで合同会社についてもこのルールが採用されているが、合名会社・合資会社ではこのルールはない)。なお、現金(金銭)の出資の場合は「払込み」といい、現物出資(金銭以外の財産での出資)の場合は「給付」というが、両者を合わせて「出資の履行」という。なお、二〇一四年改正により、出資が仮装された場合(会社設立時だけでなく会社成立後の新株発行等の場合も含む)の関係者の責任の規定が導入されたが、本書では省略する。

失権ルール

では、所定の時期に払込みがなかった場合にはどうなるか。

会社法は、迅速な設立を認めるため失権を認める(その引受人は権利を失う)こととしている。つまり、払込みがあった分だけで会社の設立をしてよいとするのである。ただ、発起人が払込みをしなかった場合は、失権予告付きで払込みを催告して、払込みがなければ失権させる。これに対して、発起人以外の引受人が払込みをしなかった場合は当然に失権する。

ABCが発起設立をする前述した例に戻ろう。Cが一〇〇万円を払い込まないとどうなるか。

A（発起人代表とする）は、Cに対して払込みを催告して、それでも払込みがなければCを失権させる。その結果、どうなるか。前述したように、発起人は設立時株式を一株以上引き受ける義務があるので、Cが失権すると設立手続をやりなおさなければならなくなる。

次に、Aだけが発起人となり募集設立手続でBCが引受人となる場合は、どうか。この場合には、Cが所定の時期に払い込まないとCは当然に失権する。しかし、ABは、払込みがされた分（AB各一〇〇万円、合計二〇〇万円）で会社を設立することができる。

ただし、定款で「設立に際して出資される財産の価額またはその最低額」を定めなければならないので、この額は満たしている必要がある。もしこれを満たさなくなるような場合には、定款違反となる。そのまま設立を強行すると設立無効事由となる（訴えられると裁判所で設立を無効とする判決が出される）。

たとえば、定款記載の「設立に際して出資される財産の価額またはその最低額」が一〇〇万円であったとしよう。その場合には、右の例でCが失権しても二〇〇万円で会社の設立ができる。設立時の資産の総額（貸借対照表の左側）は二〇〇万円、資本金の額（貸借対照表の右側）はたとえば二〇〇万円となる。「たとえば」と書いたのは、半額までは資本準備金として計上してもよいからである。

2　自由度を増した組織再編

組織再編とは何か

本節では、会社が合併したり分割したりする組織再編と呼ぶ諸行為について述べる。

一般に、企業の買収・再編・提携と呼ばれるものには、さまざまな内容のものがあり、簡単ではない。

株式会社の事業を第三者に売却する場合、それを第三者から見て「買収」と呼ぶことが通常である。第三者も株式会社である場合を想定すると、買収の法的手段としては、①買収の対象会社の事業（その全部または一部）の譲受け（譲受けの対価が株式の場合には事業の現物出資となる）、②対象会社の吸収合併、③対象会社の吸収分割があるが、このほかにも、対象会社の資産の譲受けを伴わなくても、④対象会社の株式（その全部または少なくとも支配権を確保するに十分な数）を譲り受けることによっても、経済的には対象会社の買収が可能である。④の方法としては、買収会社が対象会社の完全親会社（子会社のすべての株式を保有する会社）になるような株式交換のほか、株式の任意の譲受け（対価が株式の場合には現物出資となる）、株式公開買付け、大量の株式の第三者割当てを受けるなどの方法がある。新設合併（対象会社が二社以上の場合）、新設分割、株式移転などの方法で新たに会社を新設し、買収会社がその新設会社を支配する（子会社等とする）方法もあるし、新設会社が対象会社の事業を譲り受けたり、株式の任意の譲受け（対価が株式の場合には現物出資となる）、株式公開買付け、大量の株式第三者割当てを受けるなどの方法も考えられる。

なお、二〇一九年会社法改正により、組織再編の新しい類型として、右の株式交換とは別の方式として、買収会社が対象会社の親会社（完全親会社ではない）になるような「株式交付」の制度が新設された（後述する）。

これに対して、企業グループ内での事業の移転などは、一般に企業の再編と呼ぶ（「再編」という概念は買収・提携等の場合も含めた広い意味で使われることもあり、本書でもそうしている）。企業グループ内に事業がとどまるという点で、経済実体からすると、第三者への売却とは異なる。法人税制上も一定の要件をみたす企業グループ内での再編（および共同事業のための再編）の場合には、資産の譲渡益を認識しないこととしている（課税の繰延べという）。このような企業再編の法的手段としては、買収の場合と同じ手段が利用可能である。すなわち、①事業（その全部または一部）の譲受け（譲受けの対価が株式の場合には事業の現物出資）、②吸収合併、③吸収分割、④株式の譲受けなど、右に述べたとおりである。

企業の提携には、さらに一層のバラエティが考えられる。合弁事業（ジョイント・ベンチャー）

の設立を始め、右に述べた買収・再編の各方法も利用できるほか、事業の賃貸、経営委任、損益共通契約などの方法も考えられる。

会社法における組織再編

組織再編についての商法の改正・整備は、戦後になって合併を除いてはほとんどなかった（第1章参照）。ところが、一九九九年の商法改正で株式交換・株式移転制度が創設され、さらに、二〇〇〇年の商法改正で会社分割制度が創設され、ルール整備が完成した。

そこで、二〇〇一年以降の組織再編についての商法改正の流れは、二〇〇〇年までに整備されたルールを実際に動かしてみて実務界から出てきた不都合などの点を勘案して、規制緩和ないし整理整頓を図ったものといえる。

二〇〇五年会社法は、全体として組織再編制度を大幅に横断化し、原則として四種類の会社である株式会社・合名会社・合資会社・合同会社（後三者を総称して持分会社という）間で再編可能とした（一部例外がある）などの点に特色があるが、基本的には右の流れの中に位置づけられる。一言で言えば、自由度が増したということである。

具体的には、会社法では、①吸収合併、②新設合併、③吸収分割、④新設分割、⑤株式交換、⑥株式移転、⑦株式交付という七種類の組織再編行為が認められる（図5-1）。

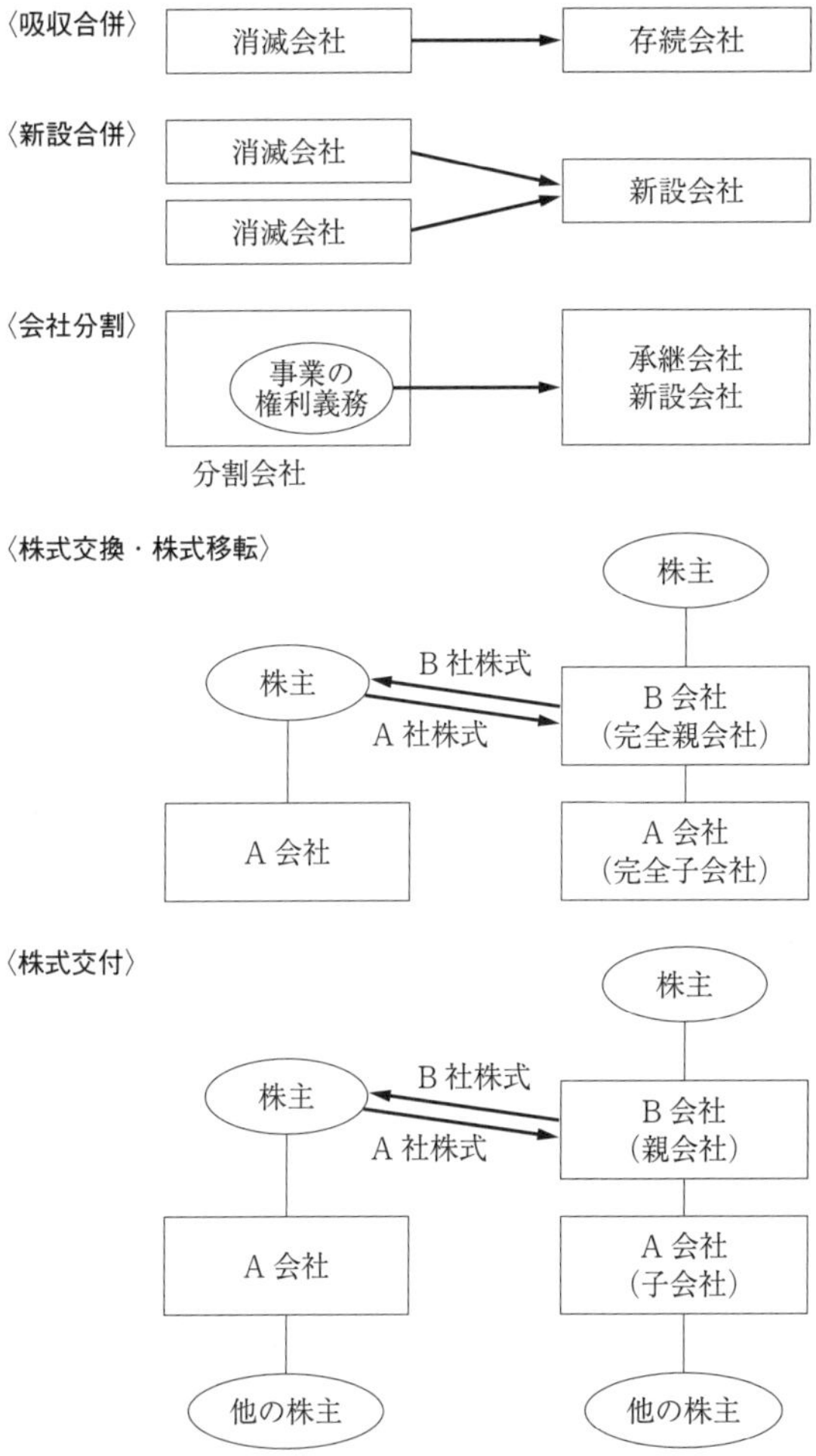
〈吸収合併〉
消滅会社
存続会社
〈新設合併〉
消滅会社
消滅会社
新設会社
〈会社分割〉
事業の
権利義務
分割会社
承継会社
新設会社
〈株式交換・株式移転〉
株主
B 社株式
A 社株式
株主
B 会社
(完全親会社)
A 会社
A 会社
(完全子会社)
〈株式交付〉
株主
B 社株式
A 社株式
株主
B 会社
(親会社)
A 会社
A 会社
(子会社)
他の株主
他の株主

図 5-1　組織再編の型

二〇一九年会社法改正前は、右の①から⑥までだったが、二〇一九年改正で⑦が新設された。同年改正前は、株式会社(A社)が他の株式会社(B社)をA社の子会社とするために、B社株主からB社株式を譲り受け、その対価としてA社の株式を交付する場合には、完全子会社とする場合(株式交換)を除き、B社株式を現物出資財産とする募集株式発行等の手続がA社側で必要であった。二〇一九年改正は、この場合に、A社側で組織再編手続をとることによってB社株式を現物出資財産とする募集株式発行等の手続をしなくてよいこととする制度を「株式交付」制度として新設した。これに応じて税制も整備され、今後、事業再編等の円滑化が期待される。なお、株式交付では株式交換と異なり、取得する対象会社株式の対価として買収会社の株式が少なくとも一株は交付されることが求められている。また、右の例でA社にとっては組織再編(組織法的行為と呼ばれる)であるが、B社にとっては組織再編とはいえず、株式交付は、他の組織再編と異なり、片面的組織再編だと言われている。

以上の組織再編のほか、組織変更といって、解散しないで株式会社が持分会社に、また持分会社が株式会社になることが認められる。これはいわば一人相撲であって、組織再編とは異なる現象である。

対価の柔軟化

二〇〇五年会社法は、それ以前の商法を変更して、吸収合併・吸収分割・株式交換の場合において、消滅会社等の株主等に対して、存続会社等の株式を交付せず、金銭その他の財産を交付することを認めた（いわゆる「対価の柔軟化」）。ただし、二〇〇五年の法案提出時に与党手続の場で外資による日本企業の買収を容易にするとの批判を浴び、施行は他の部分の施行時期より一年遅れとされ、二〇〇七年五月に施行された。その理由は、会社法（二〇〇六年五月施行）のもとで一回は定時株主総会を開催する機会を与え、そこで会社法で可能となった買収防衛策を導入するチャンスを与えようというわけであった。

内外からの要望の強かった企業買収の容易化という観点からは、このような対価の柔軟化を認めることは必要なことであったが、他方で、このような対価の柔軟化を認めることについては、多数決で現金を対価とする合併等をすることが可能となるので、「少数株主の締出し」（キャッシュアウトと呼ぶ）が容易に行われるとする批判がされ、また、対価が不十分である場合の少数株主の保護の必要性が指摘されていた。

これらの点については、少数株主の排除（締出し）と対価の不十分性とを区別して考えるのがわかりやすい。すなわち、前者については、キャッシュアウト・マージャー（現金のみを対価とする吸収合併）の場合には、少数株主の株式は多数決によって「収用」されるので「正当な補償」が必要になる（国が私人の土地を収用する際には憲法が正当な補償を要求している）。株式を失うという意味は、合併の後の将来の事業から生じるリターンに参加する機会に与れないという意味である（換言すれば、存続会社等が上場会社であれば、対価が現金であっても比率が公正であれば受け取った現金で存続会社等の株式を購入可能である）。国が私人の土地を収用して公園を作るような場合には、その土地を公園にすることにより社会的な価値が創出されると考えられるものの、私人が収用する場合に同様の理屈があてはまるかといえば疑問の余地もあり、したがって、この場合については、一般に、「正当な補償」の額は、合併前の公正価格では足りず、少数株主も合併によって生じるシナジー（合併で生じる相乗効果による企業価値の上昇分）の分配に与ることができるべきだと解されている。

また、後者（対価の不十分性）については、対価が存続会社等の株式である場合でも合併等の比率が公正でなければ、消滅会社等の株主はその合併等によって生じうるシナジーを公平に享受することはできない（ここでも、存続会社等が上場会社であれば、対価が現金であっても比率が公正であれば受け取った現金で存続会社等の株式を購入可能である）。したがって、（シナジーを発生させる）合併等には賛成するが、比率に不満があるような株主への救済手段を確保する必要がある。

そこで、反対株主の株式買取請求権に基づく買取価格を二〇〇五年会社法以前の商法の「決議ナカリセバ有スベカリシ公正ナル価格」から変更するとか、事後の損害賠償請求を認めやすくするとかが考えられたが（なお、株主総会決議取消しや合併等無効では、合併等をなかったこととす

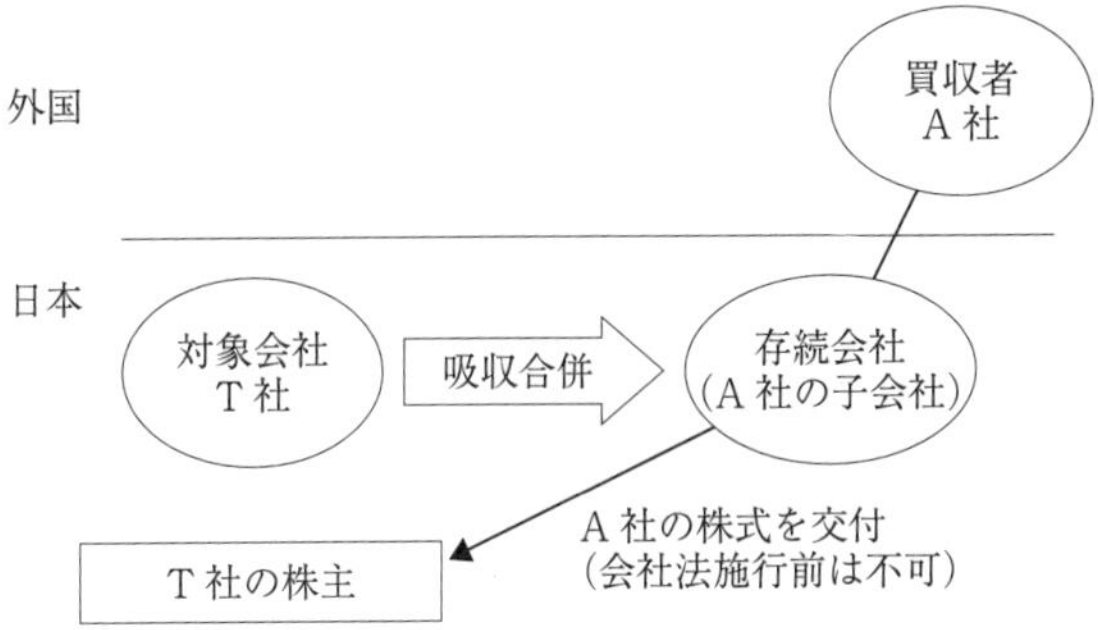

図5-2　三角合併の例

るものなので対応できない)、会社法では前者が採用された。すなわち、反対株主の株式買取請求権に基づく買取価格は単に「公正な価格」と規定された。これは、買取価格に合併等によって生じるシナジーを含めることが可能になったことを意味する。

三角合併

対価の柔軟化により、いわゆる三角合併が可能となった(図5-2)。三角合併とは、存続会社が消滅会社(図ではT社)の株主に対して、存続会社自身の株式ではなく、存続会社の親会社の株式を交付する方法をいう。つまり、合併対価は親会社株式であるということになる。これによって、クロスボーダーでの買収(典型的には外国の会社による日本の会社の買収)が容易になったと言われている。

存続会社となる子会社が対価として交付するのに必要な親会社株式を有していない場合には、親会社株式を取得する必要が生じる。この点について一般には、子会社による親会社株式の取得は禁止されているが、例外として、三角合併の対価として使用するための取得は可能となり、三角合併の効力発生日までその保有が認められる。ただし、取得できる数量は三角合併に使用する株式数の範囲内である。

なお、三角合併と同様に、親会社株式を対価とする株式交換(いわば三角交換)も認められる。

買収との関係

対価の柔軟化や三角合併の導入は、買収をしやすくするものではあるが、敵対的な買収(買収の対象となる会社の経営陣の同意なく行われる買収)の手段となるわけではない。なぜなら、会社法上、合併や株式交換などは、合併契約や株式交換契約が必要で、かつ原則として買収の対象会社の株主総会決議が必要であり、対象会社の経営陣の同意がなければできないからである。したがって、対価の柔軟化や三角合併の導入は外資による日本企業の買収の脅威を高めるという警戒論は、敵対的な買収の手段を与えるという意味ではなく、対象会社の経営陣が同意する友好的な買収の手段を広げるのもよくないという意味に理解しなければならない。

もっとも、まず敵対的に対象会社の株式を買い集めて、その会社の取締役等を入れ替えたり、あるいはその会社での株主総会の多数を制することができれば、その後は合併や株式交換を意のままにすることができる（これを敵対的な「二段階買収」と呼ぶ。後述する）。いずれにせよ、世の中の買収の圧倒的多くは、国内のものであれ、国をまたいだものであれ、友好的なものである。そうした買収の手段を広げることとしたのが対価柔軟化や三角合併の導入であり、また特別支配株主の株式等売渡請求制度（後述）である。

株主総会決議

吸収合併の消滅会社、株式交換の完全子会社となる会社における手続は、次のとおりである（簡単のため種類株式発行会社でない株式会社について述べる）。①原則は、株主総会の特別決議が必要、②対価が「譲渡制限株式等」である場合は、株主総会の特殊決議（決議要件が重い）が必要、③対価が「持分等」の場合は、株主全員の同意が必要である。以上について、後述する「略式組織再編」の要件を満たす場合には、総会決議は省略できる（差損引継ぎ等の場合の例外がある）。また、逆に、株主総会の決議要件は定款で加重できる。

簡易組織再編

二〇〇五年会社法は、簡易組織再編（株主への影響が小さいため株主総会決議を不要とする制度）の要件の基準をそれ以前の商法の「五％基準」から「二〇％基準」に緩和した。この要件の該当性は、交付する株式その他の対価の額の存続会社等の純資産額に対する割合で判断する。ただし、存続会社等において差損が生じる場合等は別である。

略式組織再編

二〇〇五年会社法は、それ以前の商法が認めていなかった制度として、新たに、支配関係のある会社間で組織再編を行う場合には、被支配会社において株主総会の決議を要しないとする略式手続を創設した（簡易組織再編と異なり、支配株主の株式保有が大きければ総会決議を要求しても無意味であるため株主総会決議を不要とする制度）。この場合、「支配関係のある会社間」の要件は、総株主の議決権の九〇％（被支配会社の定款で加重可）以上を保有している状態等にある会社間である（法務省令で定められている。法文上、この場合の支配会社を「特別支配会社」という）。

略式組織再編により総会決議不要となる被支配会社における少数株主の保護のために、差止請求を認める制度が新たに導入された（二〇〇五年会社法は組織再編行為一般について差止め制度を認めていなかったが、二〇一四年改正でこれが導入されるに至った）。なお、これらの少数株主については、株式の買取請求や組織再編無効の訴えも認められる。

合併の例で言えば、たとえば、P会社がS会社を吸収合併するという場合で、P会社がS会社株式（議決権あり）の八〇％を有している親会社である場合を考えてみる（なお、この場合、一般論としては、S社がP社より規模として小さいとは限らない）。

P社がS社を吸収合併する場合に、二〇〇五年会社法制定前の商法のもとでは、株主総会決議を経てP社はS社の株主に合併対価としてP社株式を交付することとされていたが、あまり多数の株式を交付しないという場合には、この合併はP社にはインパクトが小さい。したがって、P社で株主総会決議をとるほどのことではない。換言すれば、そのような合併はP社について「基礎的変更」（株主総会決議を要するような会社の基礎的な変更）に当たらない。

この場合、S社のほうでも、なぜ株主総会決議が必要なのかという問いがある。株主総会を開いても、どうせ八〇%をP社が有しているので、決議は成立するに決まっている。アメリカではおおむね（州によって多少異なるが）S社・P社ともに株主総会決議は不要とされている。ただし、その理由は異なる。S社では株主総会を開いても意味がないから総会決議は不要であり、P社で総会決議が不要な理由は、インパクトが小さいから、すなわち基礎的変更ではないからである。

次に、株式買取請求権についてどう考えるべきか。S社については二〇%の少数株主がいるわけであるから、株主総会を開いてもどうせ通るから総会決議は不要であるけれども、しかし少数株主保護のために株式買取請求権は必要である。しかし、P社については、アメリカ的に考えれば、その合併はインパクトが小さくて基礎的変更ではないのであるから、株主総会決議が不要であるだけでなく、株式買取請求制度も不要なはずである。

しかし、以上のような考え方は、日本では採用されなかった。一九九七年の商法改正で「簡易合併」制度が創設された際には、P社について、やはり少数株主を保護すべきであるとされ、総会決議は不要とするけれども(ただし当時は五%基準)、株式買取請求は認めることとされた。また、S社のほうの「略式合併」については、制度を設けないこととされた。

二〇〇五年会社法では、略式合併についても、総会決議不要という制度が実現することとなった。右の例で、P社はS社の株式を八〇%保有しており、S社は株主総会を開いてもどうせ通るというのが理屈であるとすれば、略式(総会決議の省略)を認める基準となるべき議決権割合は三分の二でもよいのではないかという意見もあったが、三分の二基準では低すぎるという意見が有力であり、先進諸国の例を見ても、九〇%とか九五%という基準が多いので、結局九〇%基準が採用された。さらに、少数株主保護のために、差止め制度が設けられた。

その後、二〇一四年会社法改正により、簡易合併などの「簡易組織再編」の場合には株式買取請求は認めないことになった。

株式買取請求権制度と二〇一四年改正

反対株主の株式買取請求権は、上場会社の組織再編の際によく行使され、裁判所が公正な価格を決定する事案が一時期増加した。最高裁は、上場株式の事例について、株式買取請求権の行使日をもって買取価格の算定基準時とするとした。「公正な価格」は二つの類型で異なることを前提として、「ナカリセバ」事例(組織再編行為がない場合の価格を公正な価格として算定すべき事例)では、原則として、株式買取請求がされた日における、組織再編行為を承認する旨の株主総会決議がされることが「なければ」その株式が有したであろう価格をいい(最高裁二〇一一年四月一九日決定・最高裁二〇一一年四月二六日決定)、それ以外の事例の場合には、原則として、組織再編契約ないし計画において定められていた比率が公正なものであったならば株式買取請求がされた日においてその株式が有したであろうと認められる価格をいう(最高裁二〇一二年二月二九日決定)。なお、「公正な価格」を算定するに当たって参照すべき市場株価として、株式買取請求がされた日における市場株価やこれに近接する一定期間の市場株価の平均値を用いることは裁判所の裁量の範囲内にある(上記二〇一二年最高裁決定)。

この株式買取請求権制度については、二〇一四年改正により、請求することができる期間が「組織再編の効力発生日の二〇日前の日から前日まで」に統一された。買取価格は、まず当事者間の協議で決定し、効力発生日から三〇日以内に協議がととのわない場合は、株主・会社はその後三〇日以内に裁判所に価格の決定の申立てができる。また、二〇一四年改正により、会社が公正な価格と認める額を支払うことにより利息の支払を防止することができることとされた(全部取得条項付種類株式の取得についても同様の改正がされた)。このほかにも、二〇一四年改正は、簡易組織再編における存続会社等の株主と略式組織再編における特別支配株主はそもそも買取請求権を有しないこととし、また、買取請求をした株式については請求後は譲渡や名義書換をできなくするなど、重要な改正をした。なお、会社は裁判所の決定した価格に取得日後の年六%の利息を付して支払わなければならないとされていたが、二〇一七年の民法改正(いわゆる債権法改正)によって民事・商事の法定利率が一本化されたため、現在は民法が定める法定利率によることとなっている。

効力発生

吸収合併または吸収分割について、二〇〇五年会社法以前の商法は登記時にその効力が生じるとしていたが(一九三八(昭和一三)年改正後の制度)、上場会社等の株式の流通面で支障をもたらしていると指摘されてきた。そこで、会社法は、登記時ではなく、会社間で定めた一定の日においてその効力が生じるものとした。

差止め

前述したように、会社法は、略式組織再編の場合について、少数株主保護のために差止め制度を設けたが、二〇一四年改正は、組織再編一般について差止め制度を新設することとした。この結果、略式合併の場合についての差止め制度の規定は後者の規定に統合された。

吸収合併における消滅会社を例にとると、①吸収合併が法令または定款に違反する場合、または②略式合併において対価が消滅会社または存続会社の財産の状況その他の事情に照らして著しく不当である場合（②は二〇一四年改正前からの継承）において、消滅会社の株主が不利益を受けるおそれがあるときは、消滅会社の株主は、会社に対し、吸収合併の差止めを請求することができる。

無効の訴え

会社法が定める組織再編の手続に瑕疵《かし》があれば、本来であれば組織再編は無効であるが、その解決を一般原則にゆだねると法的安定性を害するので、会社法は、合併無効の訴えその他の訴えを用意し、無効の主張を制限する一方、無効の効果を画一的に確定し、その遡及効を否定している。

何が無効事由になるかについては、会社法上は明記されていない。合併を例にとると、合併契約が作成されなかったとき、作成されたが要件不備であったとき、合併承認決議に無効または取消事由があるとき、事前開示に不備があったとき、債権者異議手続がされなかったときなど、重大な手続違反が無効事由になると解されているが、無効事由は手続違反に限られるわけではない。

会社分割における人的分割概念の廃止

二〇〇五年会社法制定前の商法の二〇〇〇年改正では、会社分割に物的分割と人的分割の二つのタイプを認めていた。会社分割の対価となる株式等が分割会社に交付される場合を「物的分割」または「分社型分割」、分割会社の株主に交付される場合を「人的分割」または「分割型分割」と呼ぶ。

会社法では、対価の柔軟化を受けて、人的分割についても剰余金分配規制(第4章3節参照)を横断的にかける必要が生じた。そこで、会社法は、それ以前のいわゆる人的分割を「物的分割と剰余金の現物配当」という構成にした。その結果、法文上、「人的分割」概念はなくなり、分割はすべて「物的分割」となった。なお、このような再構成がされたが、分割の対価として株主に交付される財産が新設会社または承継会社の株式だけの場合については、剰余金分配規制の適用はない。つまり、この場合は従来どおりの人的分割と同じことができる(会社法施行後も、右の分割時に剰余金の現物配当がされる場合を人的分割と呼ぶことがある)。

詐害的な会社分割

一時期、分割会社の残存債権者を不当に害する物的会社分割が見られるようになり（「詐害的」ないし「濫用的」な会社分割と呼ばれる）、裁判所は既存の法制度のなかで種々の法理を適用して対応してきたが、二〇一四年会社法改正は、分割会社の残存債権者を害する会社分割についてそのような債権者を保護する規定を新設した。また、会社分割とは形態が異なる事業譲渡の場合についても同様の規定が新設された。

吸収分割の場合を例にとると、A社がその有する良質の資産を一部の債務とともにB社に会社分割により移転してB社の株式を対価として取得する。この株式は市場性がなく、A社に残された債権者（残存債権者という）はこれを差し押さえても換価しにくいし、また差し押さえる前にこの株式がどこかに処分されて散逸することもある。こうした場合に、分割会社（A社）が承継会社（B社）に承継されない債務の債権者（A社の残存債権者）を害することを知って吸収分割をした場合には、残存債権者は、承継会社に対し、承継した財産の価額を限度として、その債務の履行を請求することができるという規定が設けられた（承継会社が吸収分割の効力が生じた時点で残存債権者を害すべき事実を知らなかったときを除く）。この規定の適用は物的分割の場合に限られ、人的分割（前述参照）の場合には適用されない（分割会社の債権者の保護はすでに別の方法で手当てされているため）。以上は、新設分割の場合（右の例でB社が新しく設立される会社である場合）も同様であるが、新設分割の場合には新設会社の善意・悪意（知・不知）は問題とならない。

3　組織再編以外の方法での友好的な企業買収

一般に買収の対象会社の経営陣がその買収に賛同している場合（買収の対象となる企業の経営陣の同意を得て行われる買収）を「友好的な買収」と呼び、反対している場合（買収の対象となる企業の経営陣の同意を得ないで行われる買収）を「敵対的な買収」と呼ぶ。友好的買収は、これまで述べた組織再編の方法を使うこともあるが、買収者が対象会社の株主に任意に持株を売ってもらう方法で行われる場合が少なくない。この場合には組織再編の規定は適用されない。会社法のむずかしいところは、友好的買収では主に裁判となるのは株式の価格の決定（非訟事件）であり、買収の全体を通じたあるべき考え方が会社法の個別の規定からは見えない点にある。

こうした友好的買収で問題となる類型は二つある。一つはＭＢＯと呼ばれる取引で、もう一つは支配株主が上場子会社を完全子会社とする取引である。

よく行われるようになったＭＢＯや支配株主による完全子会社化

二一世紀に入って以降、ＭＢＯ（management buyout）と呼ばれる取引がよく見られるようになった。これは、上場会社において、経営者等がプライベート・エクイティ・ファンド等の投資ファンドや金融機関から資金を得て、その会社の支配権を公開買付け等による株式購入という手法で取得してその会社を完全子会社化(非上場化)し、数年の間に、企業価値を高めて再上場を図る(投資ファンド等はこれにより資金回収をする)という手法である。また、これとは異なる類型の取引として、上場会社を子会社として有する親会社(上場会社であることも非上場会社であることもある)やその他の支配株主(創業家一族など)がその子会社の残りの株式を購入してその子会社を完全子会社とすることも、よく行われる。どちらの場合も対象会社は完全子会社となり上場廃止となるので、これらの取引を「非上場化」と呼ぶこともある。こうした取引では対価は金銭であることが多く、「キャッシュアウト」と呼ばれる。

これらの場合、通常は、第一段階として、ファンド等から資金を得た受皿会社が公開買付けの方法で対象会社の株式の取得を試み、これで取得できなかった残りの株式を、第二段階として、全部取得条項付種類株式制度など(二〇一四年改正後の状況は次に述べる)を利用して金銭を対価としていわば強制的に取得する。全部取得条項付種類株式の取得は会社が新規に発行する株式を対価として行うが、一般株主には端数株が対価として交付されるように設計しそれを現金化して交付する。日本では、このような二段階での買収が行われ、合併等により一段階だけで行う方法は利用されない。また、二段階買収でも第二段階で合併等は使われない。その理由は税制にある(合併等を使うと法人レベルで譲渡益課税がされてしまう)。

二段階買収の二段階目と会社法

二〇一四年会社法改正までは、二段階買収において第一段階で取得できなかった残りの株式について、第二段階として、全部取得条項付種類株式制度を利用して金銭を対価として強制的に取得するということが行われてきた。典型的には、公開買付け後に定款を変更してすべての普通株式を全部取得条項付種類株式とし、次に会社が新規に発行する株式を対価として全部取得条項付種類株式を取得するが、一般株主には端数が対価として交付されるように設計し、それを現金化して交付する。

二〇一四年会社法改正は、全部取得条項付種類株式制度と株式併合制度を改正し、これとは別に特別支配株主の株式等売渡請求制度を新設した。すなわち、二〇一四年会社法改正は、第一に、全部取得条項付種類株式の取得について、合併等の組織再編の場合と比べて情報開示等の規律が不十分であったことを改善し、事前・事後の情報開示を要求するとともに、差止め制度を新設するなどの改正をしたが、これに合わせて、株式併合(単元株式制度を採用する会社では単元レベルで端数が生じる場合に限られる)がMBO等に使われる可能性にかんがみ、そのような株式併合についても、事前・事後の情報開示を要求するとともに、差止め制度を新設し、さらに、端数が生じる場合については、反対株主の株式買取請求権を新設した。そして第二に、特別支配株主の株式等売渡請求制度が新設された。これは、議決権の一〇分の九以上を直接・間接に保有する株主（特別支配株主）に、いつでも、その一方的な請求により、強制的に、他の株主の株式を金銭を対価として買い取ることを認める制度である。この特別支配株主の株式等売渡請求は株主総会決議なしでキャッシュアウトを達成できるのでコスト面で節約となる。法的には、株式を買い取るのが会社ではなく特別支配株主である点が右の他の方法の場合と異なることに留意する必要がある。二〇一四年改正は、この新しい制度について、対象会社の取締役会の承認を要することとし、事前の情報開示と事後の情報開示を求め、差止めの制度や無効の訴えの制度を整備した。

以上の結果、二〇一四年改正後は、第二段階は、仕組みが複雑な全部取得条項付種類株式を使うのではなく、第一段階の株式公開買付けにより九〇％以上を取得できた場合は特別支配株主の株式売渡請求、九〇％未満の取得にとどまった場合は端数を生じる株式の併合によって（その後端数を現金化して交付する）実施することが実務上定着している。価格に不満な株主は、前者では裁判所に対して売買価格決定の申立てをし、後者では反対株主の株式買取請求権を行使することになる。

なお、全部取得条項付種類株式の全部取得について、二〇一四年改正により、価格決定の申立てをすることができる期間が、改正前は「株主総会の日から二〇日以内」であったのが「取得日の二〇日前の日から取得日の前日まで」と改められた。また、会社は裁判所の決定した価格に取得日後の年六分の利息を付して支払わなければならないとされていたが、二〇一七年の民法改正(いわゆる債権法改正)によって民事・商事の法定利率が一本化されたため、同改正施行後は民法が規定する法定利率によることとなっている。このほか、二〇一四年改正で会社が公正な価格と認める額を支払うことにより利息の支払を防止することができるようになっている。以上は、特別支配株主の株式等売渡請求の場合も同じである。

その後、二〇一九年会社法改正に係る法務省令の改正(二〇二〇年)により、全部取得条項付種類株式の取得または株式の併合を利用したキャッシュアウトに際して行われる端数処理手続に関し、事前開示手続において本店に備え置かなければならない書面または電磁的記録に、任意売却の実施および株主に対する代金の交付の見込みに関する事項等を記載・記録しなければならないものとして、情報開示の充実がはかられている。

買う側の利益相反という問題とそれへの対処

右のような買収では、株式を買う側は安く買いたいし、売る側は高く売りたい。しかし、買う側は、MBOの場合はファンド等と組んでいる経営者は一般株主との間に利益相反がある状況にあり、支配株主による完全子会社化の場合は親会社等の支配株主は一般株主との間で利益相反がある状況にある（「構造的に利益相反がある」と表現することが多い）。

そして、右のような「二段階買収」では、第二段階での株式取得の対価の価格が第一段階での公開買付けの価格よりも低いと、第一段階の公開買付けにおいて公開買付けに応じて持株を売却することを望まない株主も、後により低い価格で退出させられるおそれがあるため、公開買付けにやむをえず応じるという効果が生じ（強圧性と呼ぶ）適切ではない。したがって、第二段階における株式取得対価の額は（少なくとも）第一段階と同じ価格とすべきである。なお、この点とは別に、利害状況によっては、そもそも第一段階の公開買付けの価格が適正か（低すぎるのではないか）という問題がある。

このような友好的買収については、上場会社の完全子会社化の事案であるジュピターテレコム社の事案に関する二〇一六年の最高裁決定（次に述べる）が二段階キャッシュアウトの二段階目における公正な価格について裁判所が判断する際の基本的な考え方を示し、これと実務の状況を踏まえて二〇一九年六月に経済産業省の実務指針（後で述べる）が策定され、これらに基づいた実務の運用が定着し始めている。

判例法の形成

二段階買収における二段階目の全部取得条項付種類株式の全部取得に関する取得価格の決定の申立てがされた場合において裁判所が決定する取得価格について、先例となる判例は、レックス・ホールディングス社の事案であり、裁判所は「取得価格の決定申立制度において裁判所が決定すべき取得価格とは、取得日における公正な価格をいい、裁判所は、取得日における当該株式の客観的時価に加えて、強制的取得により失われる今後の株価上昇に対する期待を評価した価額をも考慮するのが相当であり、取得価格の決定は、記録に表れた諸般の事情を考慮した裁判所の合理的な裁量に委ねられる」と判示した(二〇〇八年九月一二日東京高裁決定。二〇〇九年五月二九日最高裁決定で抗告棄却)。なお、この事案はMBOの事案であるが、MBOがなかったとした場合の客観的価値にMBOにより増大が期待される価値のうち申立株主が享受してしかるべき価値として二〇%が加算されて取得価格が決定された。

その後、同じく公開買付けを第一段階とする二段階キャッシュアウトという方法で上場子会社の完全子会社化が実施された事案(ジュピターテレコム社の事案)について、最高裁の二〇一六年七月一日決定は、公開買付価格を超える価格を取得価格と決めた高裁決定を破棄し、第二段階の全部取得条項付種類株式の取得価格を第一段階の株式公開買付けの価格と同じと判示した。最高裁は、「一般に公正と認められる手続により……公開買付けが行われ、その後に……会社が上記買付け等の価格と同額で全部取得条項付種類株式を取得した場合には、……〔そ〕の基礎となった事情に予期しない変動が生じたと認めるに足りる特段の事情がない限り、裁判所は、上記株式の取得価格を上記公開買付けにおける買付け等の価格と同額とするのが相当である」と述べた。

この事案は、第一段階の株式公開買付けが公表された時点と第二段階の全部取得条項付種類株式の取得の時点との間に株式市場および対象会社の株価が上昇していた事例であり、また、公開買付けの前の時点において、すでに支配株主が存在していた会社に関する事例である。なお、これらの判例の考え方は、特別支配株主の株式売渡請求に係る売買価格決定の場合にもあてはまると考えられる。

会社法の条文からは見えないルール

第二段階に係る価格決定に関する会社法の規定からだけでは全体像が見えないが、会社法には次のような隠れたルールがあると考えられる。すなわち、公開買付けを第一段階とする二段階キャッシュアウトの場合については、前述した強圧性の問題から第二段階の価格は原則として公開買付けの価格と同じであることが望ましいということである。ただし、第一段階の公開買付けの価格が公正であることが前提であり、裁判所が第一段階の公開買付けの価格が低すぎると考えた場合には第二段階の価格を公開買付けの価格よりも高く決定することになる(右のレックス・ホールディングス社の事案)。こうなった場合に、第一段階で公開買付けに応じて持株を手離した者と第二段階での価格について裁判所に価格決定を求めなかった者にはあまり救済手段がない。レックス・ホールディングス社の事案では、これらの者は差額について最高裁決定の後に取締役の対第三者責任を追及する訴訟を提起したが、結論としてはその請求は認められなかった(二〇一三年の東京高裁判決)。ただ、いずれにせよ、親会社が上場子会社を非上場化・完全子会社化するようなキャッシュアウトの事例では、MBOの場合と類似の構造的な利益相反が存在するということができるから、第一段階の公開買付けの価格が公正であるかについては裁判所による厳格な審査がされるべきである。

経済産業省のM&A指針

右の判例やその後の実務の進展等を踏まえて、二〇一九年六月二八日に、経済産業省から「公正なM&Aの在り方に関する指針—企業価値の向上と株主利益の確保に向けて—」が策定・公表された。この指針は、二〇〇七年に策定された経済産業省「企業価値の向上及び公正な手続確保のための経営者による企業買収(MBO)に関する指針」を改訂し、これに置き換わるものである。

この指針（以下「M＆A指針」と呼ぶ）は、二〇〇七年のMBO指針の後の実務や判例の発展を踏まえた内容になっているだけでなく、指針の適用対象にMBOだけでなく上場子会社の完全子会社化（M＆A指針の用語では「支配株主による従属会社の買収」）をも含めるものとしている。

M＆A指針においても、基本的な概念整理はその一二年前のMBO指針と同じである。すなわち、MBO取引も完全子会社化取引も企業価値を高めるものである場合に行われてしかるべきであり、そして、一般株主にとって取引の内容が公正である必要があるというものである。M＆A指針は後者を取引条件の公正さと呼んでいるが、何が公正かは容易ではないのみならず一義的に決まる性質のものともいえないので、取引内容の公正さを担保するための実践的な措置として「公正性担保措置」を複数列挙して、具体的な事案に応じてベストプラクティスが実践されることを期待している。

このような基本的な概念整理から具体的な「公正性担保措置」へのつなぎとなる視点として、M＆A指針は次の二つの視点をかかげている。一つは「取引条件の形成過程における独立当事者間取引と同視し得る状況の確保」、もう一つは「一般株主による十分な情報に基づく適切な判断の機会の確保」である。

そして、M＆A指針が列挙する具体的な「公正性担保措置」は、次のとおりである。①独立した特別委員会の設置、②外部専門家の独立した専門的助言等の取得、③他の買収者による買収提案の機会の確保(マーケット・チェック)、④マジョリティ・オブ・マイノリティ(MOM)条件(少数株主の過半数の賛成を必要とすること)の設定、⑤一般株主(少数株主)への情報提供の充実とプロセスの透明性の向上、⑥強圧性の排除。M&A指針は、MBO取引または完全子会社化取引において、つねにこれらのすべての措置が採用されるべきことを提案しているわけではなく、事案に応じてこれらの措置が適切に組み合わされて採用されることが望ましいというスタンスに立っている。

本書でこれ以上この指針についての詳細を述べることはできないが、私の感想を一点だけ述べておきたい。このM&A指針は、日本におけるこれまでの実務経験等に照らして特別委員会の役割を重視しているが、二〇〇七年のMBO指針と比べると、その内容を改訂しており、同指針よりも留意すべき点が少なくない。MBO指針以降の実務において、とくに海外投資家から、これまでの特別委員会については、委員の選任プロセスや委員会の活動についての透明性をもっと高める必要があるとの声が多く、M&A指針はこれにこたえた内容となっている。独立社外取締役が特別委員会を構成するアメリカの実務と対照的に、日本では、これまでそもそも独立社外取締役が少なかったこともあって、特別委員会の委員は外部の専門家だけで構成される例が多かった。この点については、日本でも近年のコーポレートガバナンス改革の進展により独立社外取締役の数は急速に増加しつつあることを踏まえ、指針は独立社外取締役が特別委員会の委員になることを基本とするというスタンスに立っている。日本でこの形での実務が定着していくかどうかは、今後の課題である。

4　敵対的な企業買収

本書の初版では、二〇〇五年に会社法が国会で成立する四か月ほど前に起こったニッポン放送事件を詳細に紹介して、敵対的企業買収と会社法における考え方について述べた。そして、本書の新版では、紙幅の関係もあり、ニッポン放送事件の詳しい紹介はとりやめたが、この分野の進展について簡単に述べた。その後、二〇二〇年以降に有事導入型の防衛策に基づく対抗措置が発動される事例が登場し、二〇二一年以降に裁判になった事例が相次いだため、本書では、以下、二〇一九年末頃までの動向と二〇二〇年以降の動向に分けて、この分野の進展について簡単に述べることとしたい。

なお、会社法のむずかしいところは、友好的買収と同様に、敵対的買収(買収の対象となる企業の経営陣の同意を得ないで行われる買収)でも、主に裁判になるのは新株予約権の発行ないし新株予約権無償割当ての差止めの仮処分(保全事件)であり、買収の全体を通じたあるべき考え方は会社法の個別の規定からは必ずしも見えない点にある。

二〇一九年末頃までの動向

二〇〇五年二月初旬に、ライブドアは、東京証券取引所の上場会社であるニッポン放送の株式を、公開買付けという通常の方法によるのではなく、東京証券取引所の立会い外取引という特殊な取引を通じて買い集めた。これに対してニッポン放送は、対抗策として新株予約権をグループ会社(フジテレビ)に発行することでライブドアの持株比率を薄めようとしたが、裁判所はそのような新株予約権の発行を差し止め、対抗策は不発に終わった。その後、紆余曲折はあったが、結局、当事者間で和解が成立した。

この事例は、それまで日本では起きることがあまり考えられなかったような敵対的買収がいつ起きても不思議ではないということを企業関係者に目覚めさせ、その後、上場企業では、急遽、敵対的買収への防衛策の導入を試みるところがいくつか出た。二〇〇五年三月に国会に提出された証券取引法改正案には、急遽、立会い外取引を規制する改正が盛り込まれ、この改正は六月に国会で成立し、立会い外取引規制の部分は異例の早さで七月に施行された。また、三月と四月には、東京証券取引所等が、投資家保護の観点から黄金株等の一定の防衛策や関連する大量の株式分割等の行為は上場会社にふさわしくないとして、上場会社に対してその自粛を求めた。そして、経済産業省の「企業価値研究会」は買収防衛策(平時導入型)に関する考え方を整理した報告書を五月二七日に公表したが、同日、経済産業省と法務省は共同で「企業価値・株主共同の利益の確保又は向上のための買収防衛策に関する指針」を公表した。この「指針」は、法的な拘束力はないが、実際には影響が大きい。

その後、五月・六月には、事前警告型と呼ばれる防衛策を採択したり、信託を用いた新株予約権スキームの防衛策を株主総会の特別決議を経て導入する上場企業も登場した。さらに、七月に入って、政府は、株式公開買付け制度の見直しを検討することを明らかにし、その見直しは、二〇〇六年に証券取引法の改正として実現し、同年一二月一三日に施行された。そして、二〇〇六年二月に制定された会社法施行規則(法務省令)は、防衛策を採用する会社に対しそれを事業報告において開示することを求め、それが会社の株主の共同の利益を損なうものではないことと、会社の会社役員の地位の維持を目的とするものではないことを求めた。

その後、二〇〇七年にブルドックソース社の事案が最高裁まで争われた。この事案は、東京証券取引所の上場会社であるブルドックソース社の株式について買収者(スティール・パートナーズというファンド)が公開買付け(TOB)を開始したところ、ブルドックソース社は、これに対抗して、その買収者は行使できず、また取得の対価を金銭とするという差別的な行使条件と取得条項を付した新株予約権無償割当てを、定款変更により発行権限を株主総会に移したうえで株主総会決議で行った。最高裁は、結論としては、差止めを認めなかった東京高裁の決定を維持した。最高裁の決定では、本件での新株予約権無償割当てのような対抗措置が不公正な発行に該当せず、また株主平等の原則の趣旨に違反しないためには、必要性と相当性が必要であるが、本件では株主総会で多数の株主が承認しており必要性の存在は推認され、他方、相当性のほうは推認はされず裁判所の審査に服する(結論としては本件では相当性の存在が肯定された)という枠組みがとられていると理解することができる。

こうした裁判例の流れと実務の進展のなかで、二〇〇八年六月三〇日に「企業価値研究会」は報告書を公表し、敵対的買収者に金銭等を交付することは政策論としては望ましいとはいえないとし、金銭等を交付しなくても防衛策が適法となりうる場合の論拠を示した。

二〇二二年七月末の時点で、上場会社のうちで二七〇社弱が買収防衛策(平時導入型)を導入している。そのほとんどは事前警告型と総称される防衛策である。なお、種類株式を用いた防衛策は、二〇〇四年秋に石油会社の例があるが、それ以外には、証券取引所が消極的であることもあって導入されてはいない。また、いわゆる議決権種類株式を発行する会社の新規上場が一定の条件のもとで認められている(前述したサイバーダイン社の例)。

二〇二〇年以降の動向

二〇二〇年になって、東芝機械が同年一月一七日に導入した防衛策(有事導入型)について株主意思確認総会（臨時株主総会）が同年三月二七日にその発動を承認し、同日取締役会決議により新株予約権無償割当てが決定された。買収者は四月二日に株式公開買付けを撤回したため、四月七日に無償割当ては中止された。この紛争は裁判にはならなかったようである。その後、ほぼ同様の内容の（といっても細部は同一ではなく、また導入のタイミング等も事案によって異なる）防衛策の発動をめぐって、二〇二一年から二〇二二年にかけていくつかの事案が裁判になった（表５-１参照）。

敵対的買収といってもさまざまなものがあり、個別の事案に応じて事実関係も異なるので一律に論じることはできないが、おおざっぱにいうと、近時の敵対的買収の特徴としては、アクティビストファンド等の買収者が市場で対象会社の株式を買い集め、その前後で、部分買付けのＴＯＢ（公開買付け。以下同じ）を実施する等を武器として対象会社の経営陣と交渉するというパターンが少なくない。なお、買収者は必ずしも支配権まで取りに行くとは限らない。

これに対する対抗措置としては、東芝機械が採用した（実務でいう「特定標的型」の）防衛策が典型的なものであり、対抗措置である新株予約権無償割当てに際して「株主意思確認総会」（会社法上の株主総会ではなく株主の意思を確認する総会でその決議は勧告的決議と呼ばれることが従来は多かった）を開催して株主意思確認を行うとする例が多い。もっとも、ＴＯＢが実施される場合は、その終了時までに株主意思確認総会を開催する必要があるので（ＴＯＢ期間が終了してＴＯＢ

起きた敵対的買収の裁判例

③ 富士興産	④ 東京機械製作所	⑤ 三ッ星
アスリード・キャピタル	アジア開発キャピタルほか	アダージキャピタル
16.75%	— (買収防衛策導入時で32.72%)	— (買収防衛策導入時で6.34%)(※)
市場内買付け＋TOB(上限なし，下限40%)	市場内買付け	市場内買付け
あり (公開買付けが成立した場合)	なし	なし
有事	有事	有事
取締役会	取締役会	取締役会
取締役会 (株主総会で事後承認)	取締役会 (株主総会で事後承認(MoM))	取締役会 (株主総会で事後承認)
時間・情報の確保，株主意思を確認する機会の確保	手続違反，時間・情報の確保	企業価値・株主共同の利益を害するおそれ
「第二新株予約権」の交付	「第二新株予約権」の交付	「第二新株予約権」の交付
特別配当	なし	なし
原審：**却下** 抗告審：抗告棄却	原審：**却下** 抗告審：抗告棄却 最高裁：抗告棄却	原々審決定：**差止仮処分** 保全異議審：上記決定認可 保全抗告審：抗告棄却 最高裁：抗告棄却
TOB撤回，新株予約権無償割当て中止	誓約書差入れ，株式一部売却(予定)，新株予約権無償割当て中止	新株予約権無償割当て中止

いる合理的な疑いがあると三ッ星が防衛策導入時に判断した者も含めた

表 5-1　2021 年—2022 年に

対象会社	① 日邦産業	② 日本アジアグループ
買収者	フリージア・マクロス	シティインデックスイレブンス
TOB開始時の所有割合	19.73%	31.12%
買収方法	市場内買付け＋TOB（上限 27.57%，下限 20.00%）	市場内買付け＋TOB（上限・下限なし）
二段階買収の予定の有無	なし	あり（公開買付け終了後に総議決権数の 40% 以上を保有する場合）
買収防衛策導入時の状況	平時 ※純粋な平時とは異なるとの指摘あり	有事
買収防衛策導入・継続の方法	株主総会	取締役会
買収防衛策発動の方法	取締役会	取締役会
買収防衛策発動の理由	手続違反	情報提供が不十分，手続違反，強圧性，企業価値・株主共同の利益を害するおそれ
損害軽減措置	なし	「第二新株予約権」の交付
その他の措置	なし	特別配当
裁判所の判断	原審：**差止仮処分** 異議審：却下（原審決定取消し） 抗告審：抗告棄却	原審：**差止仮処分** 異議審：上記決定認可 抗告審：抗告棄却
帰結	TOB 撤回，新株予約権無償取得	新株予約権無償割当て中止，TOB 成立，キャッシュ・アウト

（※）アダージキャピタルと実質的に共同して当社株式の買付けを行って
「所有割合」は，21.63% とのことである．
注）丸数字は筆者加筆．
出典：経済産業省「公正な買収の在り方に関する研究会」資料

が成立すると株主構成が変わる)、それが時期的にむずかしい事案では、対象会社の経営陣ないし取締役会は買収者に対してTOB期間の延長を求めるのが通常である。買収者はこれに応じることも少なくないが、応じない例もある。なお、この防衛策は「有事導入型」と呼ぶべき場合が多いが、TOB開始前に導入されることもあり、実務では「半有事導入型」と呼ぶこともある。ただ、いずれにせよ、平時導入型の防衛策に関する二〇〇五年の経済産業省と法務省の指針(前述)に沿った(少なくともこれと整合的な)内容としている場合が通常である。内容は、一定の情報開示等(場合によりTOB期間の延長)を買収者に求め、買収者がこれに従わないと対抗措置を発動する。発動に際しては発動時までに株主意思確認総会による承認を経るのが通常である。対抗措置は通常は差別的行使条件が付された新株予約権無償割当てであり、前掲の二〇〇七年最高裁決定のブルドックソース社の事案で用いられたものに類似するが、具体的な設計は多少異なり、買収者の持株比率等を一定の範囲で保証する例が多い。

表5-1の①の事案では、株主総会の普通決議で防衛策が導入され(その内容はおおむね企業価値研究会の二〇〇八年報告書に沿ったもの)、取締役会決議で発動された対抗措置が会社法上適法とされた(買収者のTOBは部分買付け)。②の事案では、取締役会決議で防衛策が導入され、取締役会決議で発動された対抗措置が会社法上違法とされた(買収者のTOBは全部買付け)。③の事案では、取締役会決議で防衛策が導入され、株主意思確認総会を経て発動された対抗措置が

会社法上適法とされた（買収者のＴＯＢは全部買付け）。④の事案では、取締役会決議で防衛策が導入され、株主意思確認総会を経て発動された対抗措置が会社法上適法とされた（買収者によるＴＯＢはなし。市場買集めのみ）。⑤の事案は、④の事案と似ているが、対抗措置が会社法上違法とされた。④の株主意思確認総会は後述するＭＯＭであったのに対して⑤は普通決議であったが、裁判所による④と⑤の結論の違いの理由がどこに求められるのかは、興味深い問題である。

学界では、このような防衛策とそれに基づく対抗措置は、敵対的買収者によるＴＯＢ（とくに部分買付けの場合）および株式の市場買集めのいずれの場合にも、買収者が支配権（または相当割合の株式）を取りに行くプロセスにおいて株主が持株を売却する判断に与える強圧性が存在するため、それに対応するものであり、その意味で防衛策は一定の条件のもとで認められるべきとの議論が通常であるが、強圧性の排除はそれ自体が目的視されるべきではなく、強圧性が存在すると企業価値を損なう買収が成立する可能性がある点が問題であることに留意する必要がある。なお、ここでいう強圧性とは、先に述べた二段階買収における強圧性とは少し異なる概念である。

④の事案では、株主意思確認総会においてＭＯＭ（買収者と対象会社の取締役の議決権を除外した株主）による決議が行われ、出席議決権の七九％が防衛策の発動に賛成した。これは、買収者がＴＯＢまでに市場で株式（議決権）の四〇％を買い集めていたため、買収者の議決権をカウ

ントすると同総会において過半数の賛成を得ることが困難ないし不可能であったという事情があると見受けられる。この事案において、東京地裁・東京高裁・最高裁とも、このような株主意思確認総会を経て発動された対抗措置を会社法上適法と判断した。

⑤の事案は、④に似ているが、大阪地裁・大阪高裁・最高裁とも、同事案での対抗措置について、必要性は推認されるが相当性を欠く(やりすぎである)として、対抗措置は違法であるとして新株予約権無償割当てを差し止める仮処分を認めた。

会社法上のルール

(ア)　株主平等原則違反か不公正発行か

二〇〇七年の最高裁決定は、株主平等原則(の趣旨)違反を先に判断し、不公正発行該当性をその後で判断しているが、最近の地裁・高裁の裁判例は、先に不公正発行該当性を判断し、不公正発行の要件である必要性と相当性の要件をクリアした場合には、それにあまり付け加える点もなく株主平等原則(の趣旨)違反はないとしている。

(イ)　「主要目的ルール」は、新株予約権無償割当ての場合にも妥当すべきか

近年の地裁・高裁の裁判例は、募集株式発行の不公正発行該当性を判断する際の「主要目的ルール」をほぼそのままの表現で敵対的買収への対抗措置である新株予約権無償割当てにも適

用している。しかし、新株予約権無償割当てには敵対的買収をつぶすこと以外に目的はないのであって、「主要」目的を問題とするのが妥当かどうか疑問の余地がないではない。

(ウ)　MOM（majority of minority：ここでは、買収者と対象会社の取締役の議決権を除外してそれ以外の株主の多数の判断を仰ぐやり方を意味する）の意義

④で問題となったが、「買収により企業価値がき損されること」（対抗措置の必要性）についての疎明責任が買収者等を除いての株主意思確認総会での単純多数決による対抗策発動の承認によって転換すると解してよいかは議論の余地がある。疎明責任の転換はむしろ総合判断というほうが妥当と考えられる。

(エ)　今後の課題

④の事案の前の時点において、近時の一連の裁判例によって、買収防衛策の導入と発動が取締役会決議だけでされた場合については、判例上、原則として、事後的に株主の意思によって対抗措置が撤回・解除されることが予定されているか否かによって対抗措置発動の是非（適法か否か）が決せられることがおおむね固まったものと解されるとの理解が実務においてされていた。そして、敵対的TOBの予告または開始に対応して防衛策を導入して対抗措置を発動する場合（③の事案など）と異なり、市場買上がりに対応して防衛策を導入して対抗措置を発動する場合（④⑤の事案など）には、株主意思確認総会に対抗措置発動の是非につき付議するとして

も、時間の経過とともに株主構成自体が買収者側に有利に変わっていくことになるという問題がある。株主意思確認総会の基準日までにおける急速な市場買上がりに対して、対象会社の取締役会側には有効な対抗手段がない。この点について、④⑤は新しい判例法を形成したと理解することができる。

5 企業グループ法制

重要性を増す企業グループの法制

会社法は、主として個々の株式会社についてルールを設けているが、実際には、企業は多くの会社等からなる企業グループを形成し、親子会社関係にある会社も多く見られる（一般に親子関係にある会社など支配・従属関係にある企業を結合企業という）。これらの企業グループの形成・消滅は、事業譲渡、合併、会社分割、株式交換・株式移転・株式交付やその他のさまざまな方法で行われるが、形成された企業グループの運営の局面においては、企業グループの経済実体を重視した法的処理をすることが望ましい。

しかし、どのような場合を企業グループまたは結合企業と定義するかという問題を始めとして、どのような場合にどのような内容のルールを設けるのが妥当かなど難問が山積している。

金融商品取引法は、情報開示について、連結財務諸表制度を採用しており、また、法人税法も一定の場合にグループ通算納税制度を採用している。会社法でも、連結計算書類制度等を導入したものの、このような企業グループや結合企業の運営の局面については、断片的な対応をするにとどまっており、あとは個々の会社に関する会社法の規定の解釈や一般法理に問題の解決をゆだねている。二〇一四年改正の際の法制審議会の会社法制部会でもこれが審議されたが、同年改正により会社法に規定が置かれた事項は限られている。

上から下

企業グループの規制は、「上から下」と「下から上」という類型に分けて考えると、わかりやすい。上から下とは、典型的には親会社の株主の保護という課題である。一九九七年に持株会社を解禁する独占禁止法の改正が行われ、一九九九年商法改正で株式交換・株式移転制度が導入され、親会社の設立、とくに持株会社形態への移行が容易になった。実際にも銀行グループなど、多くの企業グループが持株会社形態（持株会社と傘下の子会社によるグループ経営）に移行している。株式交換・株式移転によって持株会社への移行が行われると、それまである会社の株主であった者はその完全（一〇〇％）親会社の株主となる（図5-1参照）。従来の株主の会社との関係は、親会社を通じた関係に後退する（これを学界では「株主権の縮減」と呼ぶ）。そこで、株式交換・株式移転後の会社運営に関しては、とりわけ親会社株主の保護の要請が高い（もっとも、一般論としては、親会社株主保護の問題は、完全親会社以外の親会社の場合についても存在する）。なお、子会社は親会社により支配されるため、子会社の債権者の保護についても特別の規律を設けるべきかが問題となる。商法は、株式交換・株式移転制度を導入した一九九九年改正の際に、あわせて、親会社の株主を保護するため、情報収集権の整備を行った。

右の連結計算書類制度や親会社株主の情報収集権のほか、会社法制定前から存在するルールとしては、子会社による親会社株式取得の制限、株式相互保有規制、株主等の権利行使に関する利益供与の禁止、監査役の子会社調査権などがあり、これらは二〇〇五年会社法に引き継がれている。そして、二〇一四年改正により、新しく、一定の規模の子会社株式の譲渡を事業譲渡と同じルールとし、またリスク管理体制に子会社の管理を含むこととしたほか、株主代表訴訟提起後に株式交換等があった場合に原告適格が継続するというルール（二〇〇五年会社法で導入）を拡大して、株式交換等があった後の代表訴訟提起を認め、さらに、多重代表訴訟制度を新しく導入した。

また、個々の会社に関する会社法の規定に基づいて、子会社の管理について親会社取締役の親会社に対する責任が追及された裁判例もいくつかあり、多くの事例では責任は否定されているものの、なかには責任が肯定された事例もある。

下から上

「下から上」の類型では、完全（一〇〇％）親子関係にない場合における子会社の少数株主の保護という課題である（完全親子会社関係がある場合は子会社には親会社のほかに株主はいないのでこの課題はない）。子会社の債権者保護という課題もある。これらについては、会社法は社外取締役等の社外要件などの一部例外を除いて特別のルールを設けておらず、問題の解決は個々の会社に関する会社法の規定の解釈にゆだねられている。たとえば、親会社をP社、子会社をS社とすると、従来、S社の取締役の責任のほか、S社の少数株主を保護する法理として、P社をS社の事実上の取締役と考える（そのうえで取締役の対会社責任や対第三者責任の規定を適用する）、P社に利益供与禁止規定を適用する、P社に債権侵害に基づく不法行為責任を認めるなどの見解が説かれてきた。また、S社の債権者を保護する法理としては、法人格否認の法理や取締役の対第三者責任などが説かれてきた。立法論としては、さまざまな見解がある。実際の裁判例は若干存在する程度であり、グループ内取引について子会社取締役の子会社に対する責任を否定した事例がある。

6　不良債権問題と事業再生

事業再生のポイント

不良債権とは銀行などの金融機関が企業に貸し付けた債権のうちで回収が不可能または困難なものをいうが、金融機関からおカネを借り入れた企業が返済できなくなったということを意味する。

「失われた一〇年」とも言われた一九九〇年代には、大量の不良債権をかかえた金融機関の救済策が国をあげて試みられたが、同時に、不良債務を大量にかかえた企業もその「再生」に向けてさまざまな経験をした。

その過程で、さまざまな新しい「事業再生」の方法が試みられ、そこに「事業再生ビジネス」も登場した（高木新二郎『事業再生』岩波新書、二〇〇六年参照）。

事業再生の特徴は、本書では詳述はできないが、おおざっぱにいうと次のような点にある。

第一に、破産法・民事再生法・会社更生法などの破綻処理をするための法律に基づく特別の手続（倒産処理手続という）の適用を受けて、裁判所の監督のもとで行われる破綻処理あるいは事業再生（金融機関の場合は特別の法律がある）のほかに、そのような手続に入らないで、関係者が合意して倒産処理手続の外で言わば任意に事業再生が行われる場合が一層重要になってきた（私的整理という）。

第二に、倒産処理手続であれ私的整理であれ、スピードが求められ、早期処理が重要になってきた。これら二点は相互に関係する。可能であれば倒産処理手続よりも私的整理のほうがスピードが速く、再生する事業の価値をより高めることができる場合が多いからである。

第三に、経営が悪化した場合、昔は悪くなった部門を切り離して売却することが多かったが、逆によい部門を売却したほうが買い手が見つかり、再生がうまくいくことが経験を通じてわかってきた。その結果、一時的につなぎとして買い手となるような事業再生ファンドなども多数登場し、また、事業再生を担う「事業再生ビジネス」も一九九〇年代後半以降に大きく花咲いた。

以下では、二〇〇五年会社法において、事業再生に関連して新しく規定が設けられた事項を二つ紹介しよう。

全部取得条項付種類株式

全部取得条項付種類株式とは、株主総会の特別決議により会社がその全部を取得することができるような種類株式をいう。これは、私的整理等において昔の用語でいう一〇〇％減資を可能とするために二〇〇五年会社法によって新しく導入された制度である。「昔の用語でいう一〇〇％減資」というのは、株主の総入替えをすることをいう。業績が悪化した会社では、その株主にとっての価値はゼロである。そこで、しばしば、いったん既存の株式をすべて消して、資本金もゼロとし、その上で同時に新株を発行して資金を入れ、その会社の再生を図った。いったんゼロとすることで既存の株式を消し、新たに資金を投入してくれる者（金融機関や再生ファンド）に資金投入のインセンティブを付与するというやり方である。

このような「一〇〇％減資」は、二〇〇五年会社法制定前の商法のもとでは、直接の明文の規定がなかったため、倒産処理手続のなかで裁判所の許可を得て行う場合はともかく、私的整理のなかで行う場合には、株主全員の同意がないとできないと解されていた。

そこで、会社法は、新しく規定を設けて、多数決でこれを行うことを可能とした。

デット・エクイティ・スワップ

デット・エクイティ・スワップ（債務の株式化）とは、債権者と債務者の合意に基づき債務（デット）を株式（エクイティ）に変更することであり、そのポイントは、金融機関などの債権者に対して単純な債権放棄を行う場合に比べて魅力を与えながら、債務者の事業の再生を図ろうとする仕組みである。

過剰債務を抱える企業が再建を果たすためには、その負担する債務をキャッシュ・フローによって返済可能な程度にまで減少させる必要がある。その場合、債務を減少させる方法として一番簡単なものは、債務者である企業が債権者から債権放棄を受けることである。しかし、これに対して、債権者としては、条件や税制上の取扱いなどにも依存するので一概には何とも言えないものの、債務者が存続価値のある企業であれば、単純な債権放棄を行うよりも、その有する債権に代えてその企業の株式を取得すること（デット・エクイティ・スワップ）のほうを好むであろう。この方法は、債務縮減の効果を債務者に与えつつ、事業再生が成功すれば債権者は債権額に相当する額（状況によってはそれ以上の額）の回収を図ることのできる可能性があるため、単純な債権放棄よりも債権者にとって魅力があるからである。

このデット・エクイティ・スワップは、私的整理においても利用されている。それは、一般には、私的整理は、倒産処理手続と比較すると、裁判所の関与がなく関係当事者間の合意をベースとする債務者事業の再生であって、そこでは、単純な債権放棄よりも債権者に魅力のある仕組みのほうが合意が得られやすいと考えられるからである。

日本におけるデット・エクイティ・スワップの法的構成としては、債権者がその債権を債務者企業に現物出資するという構成がもっとも単純である。ただ、二〇〇五年会社法以前の商法においては、手続、実際面での使いづらさがあった。二〇〇一年ころから、東京地方裁判所商事部は、デット・エクイティ・スワップにおける検査役の調査について、いわゆる券面額説（債権の実価が券面額未満であっても券面額相当の現物出資として取り扱うこと）を採用することとした。この結果、その後は、日本でも、デット・エクイティ・スワップは、端的に債権の現物出資であるとする法的構成が利用されるようになっている。

二〇〇五年会社法は、この点について条文を新たに設けた。すなわち、「現物出資財産が株式会社に対する金銭債権（弁済期が到来しているものに限る。）であって、当該金銭債権について定められた出資財産の価額が当該金銭債権に係る負債の帳簿価額を超えない場合」には裁判所の選任した検査役の調査を受けなくてよいことにした。これは、デット・エクイティ・スワップを容易にするための改正である。

産業競争力強化法

産業競争力強化法は、事業再生についてもさまざまな特例を設けている。一例を紹介すると、先に述べた私的整理は、裁判所が関与しないで行われるものなので、債権がカットされる債権者の全員の合意が必要であるが、産業競争力強化法の二〇二一年改正により、事業再生ＡＤＲと呼ばれる私的整理の典型的な仕組みについて、事業再生ＡＤＲから簡易再生手続（これは裁判所が関与する法的倒産処理手続）への移行を円滑化する措置が設けられた。具体的には、①金融機関に事業再生ＡＤＲへの参加の努力義務が課され、また、②事業再生ＡＤＲで五分の三以上の債権者が再生計画に同意した場合においてＡＤＲの第三者機関が再生計画における債権カットの必要性を確認したときは、事業再生ＡＤＲが不調に終わり簡易再生に移行しようとする際に、裁判所が再生計画の債権の減額について事業再生ＡＤＲで確認されている事実を考慮して簡易再生の開始決定の判断を行う規定が設けられている。

第6章　会社法のゆくえ

1 コーポレートガバナンス・コードの衝撃

本書の初版刊行(二〇〇六年四月)以後、新版刊行(二〇一五年七月)までの九年あまりの間に、日本の内外での状況として、証券市場の変化など、いろいろなことが起こった。海外では、二〇〇七年から二〇〇九年に発生した「世界金融危機」が市場や経済に与えた影響という意味では大きな出来事である。また、二〇〇六年六月の法改正で、それまでの「証券取引法」が「金融商品取引法」と衣替えしたが(二〇〇七年九月三〇日施行)、その後、内外の状況の変化を受けて、金融商品取引法は二〇〇八年から二〇一五年までの八年間、毎年改正を繰り返した。本書の新版刊行以降も、経済社会のデジタル化の進展や証券市場の変化などが続き、金融商品取引法は、毎年改正とまでいかないが、頻繁に改正されて今日に至っている。

本書の新版の刊行時期には、何といっても上場会社向けの「コーポレートガバナンス・コード」が二〇一五年六月一日に施行されたことは衝撃であった。会社法の二〇一四年改正が二〇一五年五月一日に施行されたばかりなのに、コーポレートガバナンス・コードが翌月六月一日に施行され、期せずして、上場会社にとって二〇一五年という年は「コーポレートガバナンス改革」の年となった。

その後に生じた現象については、いうまでもなく新型コロナウイルス感染症の拡大によって人々の生活が、日常生活・経済活動の双方において、激変した。そして、本書の刊行時期からすれば、世界中でサステナビリティ（人類社会や経済の持続可能性）という課題への対応ということが強く要求されるに至っていることが注目される。

そこで、本節では、まず、証券取引所による上場会社向けのルール整備とコーポレートガバナンス・コードの制定について述べ、世界金融危機とそれが法制度に与えた影響、そしてサステナビリティ問題とそれが法制度に与える影響について述べることとしたい。

なぜ、金融商品取引法は毎年のように改正されるのか

金融商品取引法は、二〇〇八年以降、頻繁に改正がされている。なぜ、金融・資本市場分野では、これほどまでに、頻繁に法律を改正しなければならないのか。それは、金融・資本市場分野の環境の変化が激しく、次々と法改正でもって対処すべき諸課題が登場し、それらに対応して法改正を続けてきたからである。

ここ数年の一連の金融商品取引法の改正は多岐にわたっており、その内容を述べることは本書ではできないが、大別すると、日本国内の状況の変化に対応して行われた改正と、世界的な

レベルでの金融セクター(資本市場ないし証券市場の分野を含む)の動向への対応(後述する世界金融危機後の対応を含む)としてされた法整備の議論を踏まえて行われた改正とに区分することができる。なお、法改正には至らなくても、内閣府令の改正や法令の解釈・運用の改善という形で重要な進展が見られる分野もあることに留意する必要がある。

日本の金融セクターに関するこうした改正の目的は、一言で言えば、日本の金融・資本市場および金融業・金融商品取引業の信頼回復と機能強化にあるということができる。

東京証券取引所によるルール形成

歴史的に見ると、二〇〇五年の会社法制定の後、新しくその後の会社法改正の背景となる事情が生じた。それは、東京証券取引所が上場規則によって上場会社向けの行動規範として会社法の上乗せ規制を定めるようになったということである(他の証券取引所もこれに従っている)。具体的には、東京証券取引所は、二〇〇六年に上場制度整備懇談会を設置し、そこでの検討を踏まえて、二〇〇七年から、上場会社の一般株主の利益保護の観点から上場会社向けに一定の行動規範(会社法の規律に上乗せする規範)を求めるようになった。それまでは取引所が上場会社に求めるのは適時開示だけであり、行為規範は上場基準や上場廃止基準のなかに一部存在しただけであった(一部の例外はあった)と言ってよいので、この二〇〇七年からの上場会社規制は大きな変化である。その理由は、一般株主の利益保護の観点から看過できない現象がまま見られるようになり、関係者による検討を経て、取引所の規制で行為規範を設けるのが妥当であるということになったからである。なお、二〇一四年会社法改正の際の法制審議会の附帯決議では社外取締役設置を奨励する措置を証券取引所に求めており、それが東京証券取引所の独立役員制度の強化につながった（後述）。また、二〇一九年会社法改正でも、法制審議会の附帯決議がされており、株主総会資料の電子化措置の開始時期について同改正後の会社法の規定よりも早期の時期が証券取引所の規制で要請されている（次に述べる「望まれる事項」として）。

東京証券取引所が上場会社に対して定める「企業行動規範」は「遵守すべき事項」と「望まれる事項」に区別されて規定されている（表6-1）。前者は違反すると実効性確保措置（具体的には特設注意市場銘柄・改善報告書・公表・上場契約違約金）が適用されるが、後者は違反しても実効性確保措置は適用されない努力義務という構造になっている。

なお、上場会社を含めた有価証券報告書提出会社については、金融商品取引法の規制も重要であるが（そして証券取引所による適時開示制度も重要である）、金融商品取引法はその法目的の制約から規制の対象は情報開示とそれに係る監査に限られていることに留意する必要がある。本書では、金融商品取引法に基づく情報開示制度は取り上げない。

独立役員制度

二〇一四年会社法改正は、社外取締役の資格要件を強化したが（第3章参照）、社外取締役の設置を強制するところまでには至らなかった。しかし、社外取締役の設置を強く推奨することとし、その手法として、ヨーロッパ諸国で採用されている「コンプライ・オア・エクスプレイン（comply or explain）」（遵守するか、または、遵守しない場合は遵守しない理由を説明する）という規範

望まれる事項
• 望ましい投資単位の水準維持（5万円以上50万円未満）
• 内部者取引の未然防止に向けた環境整備
• 反社会的勢力の排除に向けた体制整備等
• 会計基準等の変更等への的確な対応に向けた体制整備
• 決算内容に関する補足説明資料の公平な提供
• コーポレートガバナンス・コードの尊重
• 取締役である独立役員の確保（取締役である独立役員を少なくとも1名以上）
• 独立役員が機能するための環境整備
• 独立役員等に関する情報の株主への提供
• 議決権行使を容易にするための環境整備
• 無議決権株式の株主に対する情報提供

表 6-1　企業行動規範

区分	遵守すべき事項
流通市場の機能維持	• 流通市場に混乱をもたらす株式分割等の禁止 • MSCB の転換又は行使の制限 • 上場会社監査事務所等による監査 • 内部者取引の禁止 • 反社会的勢力の排除 • その他流通市場の機能を毀損すると東証が認める行為の禁止
少数株主の権利保護	• 第三者割当に係る行為規範(株主の意思確認又は独立した者の意見入手) • 書面による議決権行使 • 上場外国会社における実質株主の議決権行使を容易にするための措置 • 独立役員の確保(1 名以上) • コーポレートガバナンス・コードを実施するか，実施しない場合の理由の説明 • 機関設計の制限(監査役会又は委員会設置会社) • 社外取締役の確保(1 名以上) • 金商法上の監査人と会社法上の会計監査人の一致(選任プロセスへの株主関与) • 業務の適正を確保するための必要な体制整備と適切な運用 • 買収防衛策の導入に際しての遵守事項 • MBO の開示に係る遵守事項 • 支配株主との重要な取引等に係る行為規範(利害関係のない者の意見入手) • その他株主の権利を毀損すると東証が認める行為の禁止

出典：東京証券取引所資料

が採用されている。具体的には、事業年度の末日において会社法上の公開会社かつ大会社で株式について金融商品取引法上の有価証券報告書提出会社である株式会社が、監査役会設置会社であり、社外取締役を置いていない場合には、その会社は、その事業年度に関する定時株主総会において、社外取締役を置くことが相当でない理由を説明しなければならないとされた。さらに、事業報告でも説明しなければならず、「相当でない理由」は個々の会社の各事業年度における事情に応じて記載されなければならず、また、社外監査役が二名以上いることのみをもって「相当でない理由」とすることはできないとされた。これらに加えて、株主総会参考書類においても、社外取締役を含まない取締役の選任議案を株主総会に提出するときは「社外取締役を置くことが相当でない理由」を説明しなければならないとされた。この規律は、二〇一九年会社法改正で改められ、右の株式会社は社外取締役の設置を強制されることとなった。

右の背景として、政府レベルでの議論としては、すでに、二〇〇八年から約一年間、金融庁の金融審議会金融分科会「我が国金融・資本市場の国際化に関するスタディグループ」において上場会社等のコーポレートガバナンスの強化についての審議がされ、二〇〇九年六月一七日に「我が国金融・資本市場の国際化に関するスタディグループ報告――上場会社等のコーポレート・ガバナンスの強化に向けて」が公表された。そして同じ日に、経済産業省の企業統治研究会も「企業統治研究会報告書」を公表した。これらの報告書で二点が提言された。第一点目は「上場企業は独立役員を少なくとも一人置く」というものであった。独立役員制度のポイントは「独立」と「役員」という概念にある。「独立」概念は、会社法にいう「社外」概念とは異なり、より厳格な概念である。「役員」という概念は、取締役または監査役という意味である。二点目は「社外取締役を置くか、または、置かない場合はそれに代わるコーポレートガバナンスの体制を開示する」というものであった。

金融審議会のスタディグループの報告書と経済産業省の企業統治研究会では、そこでの提言を実現するために、法制度の改正ではなくて、主として取引所の規則で対応することを提言した。これを受けて、東京証券取引所は、上場規則の改正という形で、独立役員制度の導入などを二〇〇九年一二月に行った。また、金融庁は、二〇一〇年三月に金融商品取引法に基づく内閣府令の改正を行っている。

この二〇〇九年一二月に導入された東京証券取引所の独立役員制度とは、東京証券取引所が、一般株主保護の観点から、上場会社に対して、独立役員(一般株主と利益相反が生じるおそれのない社外取締役または社外監査役)を一名以上確保することを企業行動規範の「遵守すべき事項」として規定し、また、独立役員の確保に係る企業行動規範の遵守状況を確認するため、上場会社に取引所への「独立役員届出書」の提出を求めるという制度である。その後、二〇一一年の秋にある上場企業の不祥事が明らかになり、そのことを契機として、二〇一二年五月に独立役員制度が一部改正された。この改正では「上場会社は独立役員に取締役会における議決権を有している者が含まれていることの意義を踏まえ、独立役員を確保するよう努めるものとする」とされ、独立役員の中でも取締役の重要性というものを認識しつつ各社において独立役員を確保するように努めることとされた（現在の規範については後述する）。

この間、内外（とくに海外）の投資家から、会社法において社外取締役の設置を義務づけるべきであるとの議論が有力にされたが、反対論も強かった。結局、二〇一四年会社法改正のもととなった法制審議会の要綱（二〇一二年九月）は、社外取締役の設置強制は見送り、上述したように事業報告での説明を求めることで社外取締役の設置を強く奨励することを提案したが、法案提出時（二〇一三年一一月）における検討過程において、上述した定時株主総会における説明の規定を設けることとし、かつ、「置くことが相当でない理由についての理解」が確認されて法務省令で規定することとし、さらに株主総会参考書類での説明をも法務省令で規定することが合意された。

なお、法制審議会は、要綱決定時（二〇一二年九月）に、「金融商品取引所の規則において、上場会社は取締役である独立役員を一人以上確保するよう努める旨の規律を設ける必要がある」という「附帯決議」をしていた。上述したように、二〇〇九年末から、すでに東京証券取引所は「独立役員」制度を運用しており（他の取引所も同様の制度を導入している）、こうした規律を取引所の自主規制によって行うことは、従来の経緯からすれば自然な流れであった。

法制審議会の会社法制部会が要綱案および附帯決議案を決定した二〇一二年八月一日に、東京証券取引所は上場会社に対してこの旨の要請を行っている。そして、二〇一四年二月一〇日に上場規則が改正され施行された。この改正で、上述した二〇一二年五月改正後の上場規則の文言が、「上場会社は取締役である独立役員を少なくとも一名以上確保するよう努めなければならない」と改められた。その後、二〇二〇年二月に、上場子会社の独立役員の独立性を強化する改正が「上場管理等に関するガイドライン」の改正によって行われている。

コーポレートガバナンス・コードとは

以上とは別に、上場会社に適用される東京証券取引所のコーポレートガバナンス・コード（東京証券取引所の有価証券上場規程の別添とされている）は、政府の成長戦略に関する閣議決定である「『日本再興戦略』改訂2014」（二〇一四年六月二四日）に基づくものである。金融庁と東京証券取引所を共同事務局とする有識者会議が二〇一五年三月に上場会社向けにコーポレートガバナンス・コード（原案）を策定し、その後、東京証券取引所がこれを規範化し、二〇一五年六月一日から適用された。このコードは、二〇一八年六月と二〇二一年六月に改訂されて今日に至っている。このコードは、二〇一五年制定当初は五つの基本原則・三〇の原則・三八の補

表6-2　コーポレートガバナンス・コードの行動規範の数

	基本原則	原則	補充原則	合計
2015年策定時	5	30	38	73
2018年改訂後	5	31	42	78
2021年改訂後	5	31	47	83

充原則（合計七三の規範）、二〇一八年改訂後は五つの基本原則・三一の原則・四二の補充原則（合計七八の規範）から構成され、二〇二一年改訂後は五つの基本原則・三一の原則・四七の補充原則（合計八三の規範）から構成され（表6-2）、各行動規範は文章の末尾が「べきである」で統一されている。また、それらの行動規範はコンプライ・オア・エクスプレイン規範とされる（規範を実施しない場合に実施しない理由を説明しないと上場規則違反となる）。ただし、コードの基本原則・原則・補充原則のすべてがコンプライ・オア・エクスプレイン規範として適用されるのは東京証券取引所の二〇二二年四月の市場区分見直し前は「本則市場（市場第一部および市場第二部）」、同見直し（後述）後は「プライム市場」と「スタンダード市場」の上場会社である。それ以外の上場企業には、五つの基本原則だけがコンプライ・オア・エクスプレイン規範とされ、それ以外の原則・補充原則は努力規定（望まれる事項）となる。そして、二〇二一年の改訂で新しくプライム市場の上場企業向けに「独立社外取締役三分の一以上」などのよりレベルの高い規範が六つ定められている（表6-3）。また、規範を実施する場合においてその規範に情報の開示が含まれるとき（表6-4）の情報の開示と規範を実施しない場合における理由の説明はコーポレート・ガ

バナンス報告書で行う。

以上に概観したように、東京証券取引所の独立役員制度が先行し、それが二〇一四年会社法改正で一部取り込まれ、その一方で二〇一四年会社法改正に連動して取引所の規制のほうも改正された。このほかにも、二〇一四年会社法改正で支配権の異動を伴う募集株式発行等に係る規律が導入された（一定の場合に株主総会の普通決議を要求）のは、証券取引所の規範が一部会社法に格上げされた例であり、二〇一九年会社法改正が社外取締役の設置を義務付けたのも同様の例といえる。会社法の側が取引所にルール作りを要請し、取引所側のルールが会社法に取り入れられる。このような連動は将来も続くと予想される。

表6-3　プライム市場上場企業向けコード

補充原則 1-2 ④	機関投資家向け議決権電子行使プラットフォームを利用可能に
補充原則 3-1 ②	英文開示
補充原則 3-1 ③	気候変動関連リスク等の開示
原則 4-8	独立社外取締役３分の１以上
補充原則 4-8 ③	支配株主がいる場合は，支配株主からの独立社外取締役過半数または独立した特別委員会
補充原則 4-10 ①	指名委員会・報酬委員会における独立社外取締役過半数および役割等の開示

コーポレートガバナンス・コードの二〇二一年改訂

二〇二一年六月一一日に再改訂された東京証券取引所の「コーポレートガバナンス・コード」（以下「コード」と略す）と同日改訂された金融庁の「投資家と企業の対話ガイドラ

表 6-4　コンプライする場合における情報開示

原則 1-4	政策保有株式
原則 1-7	関連当事者間の取引
補充原則 2-4 ①	中核人材の多様性
原則 2-6	アセットオーナーの機能発揮
原則 3-1	情報開示一般
補充原則 3-1 ③前段	サステナビリティ
補充原則 4-1 ①	取締役会から経営陣への委任
原則 4-9	独立社外取締役の独立性の基準
補充原則 4-11 ①	取締役会におけるスキル等
補充原則 4-11 ②	取締役・監査役の兼任
補充原則 4-11 ③	取締役会の実効性評価
補充原則 4-14 ②	取締役・監査役のトレーニング
原則 5-1	株主との建設的な対話
プライム市場上場企業向け	
補充原則 3-1 ③後段	TCFD または同等の枠組みに基づく気候変動関連の開示
補充原則 4-10 ①	指名委員会・報酬委員会

イン」（二〇一八年制定。以下「対話ガイドライン」と略す）は、上場企業にサステナビリティ関連の課題への取組みやその開示を求めるなどの新しい内容を含んでいる。

二〇二一年の改訂に至る経緯は三つある。出口となる文書も改訂されたコード、改訂された対話ガイドライン、これらの改訂を審議して提言した金融庁と東京証券取引所（以下「東証」と略す）の「スチュワードシップ・コード及びコーポレートガバナンス・コードのフォローアップ会議」（以下「フォローアップ会議」と略す）の二〇二一年四月六日付の文書の三つが存在する。なお、フォローアップ会議は二〇二〇年一二月一八日に「意見書(5)」を公表しており、そこで提言された内容は今回のコード改訂および対話ガイドライン改訂に盛り込まれて

表6-5　コーポレートガバナンス・コードの2021年改訂

経緯	改訂事項	アウトプット
前回改訂後の積み残し事項	• 取締役会の機能発揮 • 中核人材のダイバーシティの確保 • サステナビリティへの取組み • その他 グループガバナンス 監査・内部統制・リスク管理 株主総会関係 その他	フォローアップ会議「改訂について」 2021/4/6
東証市場区分見直しとの関係		コーポレートガバナンス・コード改訂 2021/6/11
新規事項 意見書(5) 2020/12/18		投資家と企業の対話ガイドライン改訂 2021/6/11

いる。このため、読み手はこれらの文書のすべてを合わせて読む必要があることに留意する必要がある。

　二〇二一年のコード等の改訂の内容は、検討の経緯に応じて、前回の改訂（二〇一八年）の積み残し事項（とくにフォローアップ会議の二〇一九年の「意見書(4)」で指摘されていた事項）、東証の市場区分の見直しとの関係で必要な事項、二〇二〇年後半に新しく指摘された新規事項の三つがある（表6-5）。具体的には、①取締役会の機能発揮、②中核人材のダイバーシティ（多様性）の確保、③サステナビリティ関連の取組みに分けられる。これらのほか、グループガバナンスの強化、監査・内部統制・リスク管理の充実、株主総会運営の改善なども挙げられている。

　今回の改訂によって三つの原則と八つの補充原則が変更されたほか、五つの補充原則が新設され、合計で八三の行動規範となった（前述）。なお、具体的な行動規範には含まれないが、コードは、冒頭の「コーポレートガバナンス・

コードについて」において、次のように述べている。①本コードにおいて、「コーポレートガバナンス」とは、会社が、株主をはじめ顧客・従業員・地域社会等の立場を踏まえた上で、透明・公正かつ迅速・果断な意思決定を行うための仕組みを意味する。②本コードは、実効的なコーポレートガバナンスの実現に資する主要な原則を取りまとめたものであり、これらが適切に実践されることは、それぞれの会社において持続的な成長と中長期的な企業価値の向上のための自律的な対応が図られることを通じて、会社、投資家、ひいては経済全体の発展にも寄与することとなるものと考えられる。また、各章の基本原則の後に「考え方」が述べられており、留意する必要がある。

コードが上場企業に求める行動規範は「コンプライ・オア・エクスプレイン」である。必ずコンプライしなければならないわけではなく、エクスプレインという選択肢もある。コンプライ・オア・エクスプレインは、それ自体は目的ではなく手段である。目的は企業が成長することである。そのための手段としてコンプライがいいのかエクスプレインがいいのかを各企業で考え、決めることが重要である。

コードの定める行動規範にはコンプライ(実施)する場合に一定の情報開示を求める規範が一三あり(さらにプライム市場上場企業向けに二つある)、たとえば、コードの規範のすべてを実施する場合に、コーポレート・ガバナンス報告書に「実施する」とだけ書けばよいわけではなく、情報開示を求める規範を実施することにより一定の情報を開示する必要がある(表6-4参照)。

東証の市場区分の見直し

コードと東証の市場区分見直しは相互依存関係にある。東証の市場区分の見直しは、上場企業の成長に向けての企業価値向上への動機づけという新しいコンセプトに基づき、二〇二一年九月から各企業がどの市場を希望するかを申請し、二〇二二年四月四日に新市場区分への移行が実施された(図6-1)。二〇二二年四月四日の時点で、市場第一部上場会社二一七七社のうちの一八三九社がプライム市場を選択し、三三八社がスタンダード市場を選択した。この結果、スタンダード市場の上場会社は一四六六社、グロース市場の上場会社は四六六社となった(総計での上場会社は三七七一社)。なお、この時点でプライム市場を選択した会社のうちの二九五社が新上場維持基準を満たしておらず、基準適合に向けた計画を開示し実施することになっている(スタンダード市場を選択した会社についても同様の会社がある)。どのような企業がプライム市場の上場企業となるかを予想しながら、二〇二一年六月にコーポレートガバナンス・コードが改訂されたわけである。

東証の市場区分見直しの内容の概要は次のとおりである。第一に、幅広い企業に上場機会を提供するとともに、上場後の持続的な企業価値の向上を動機づける観点から、明確なコンセプ

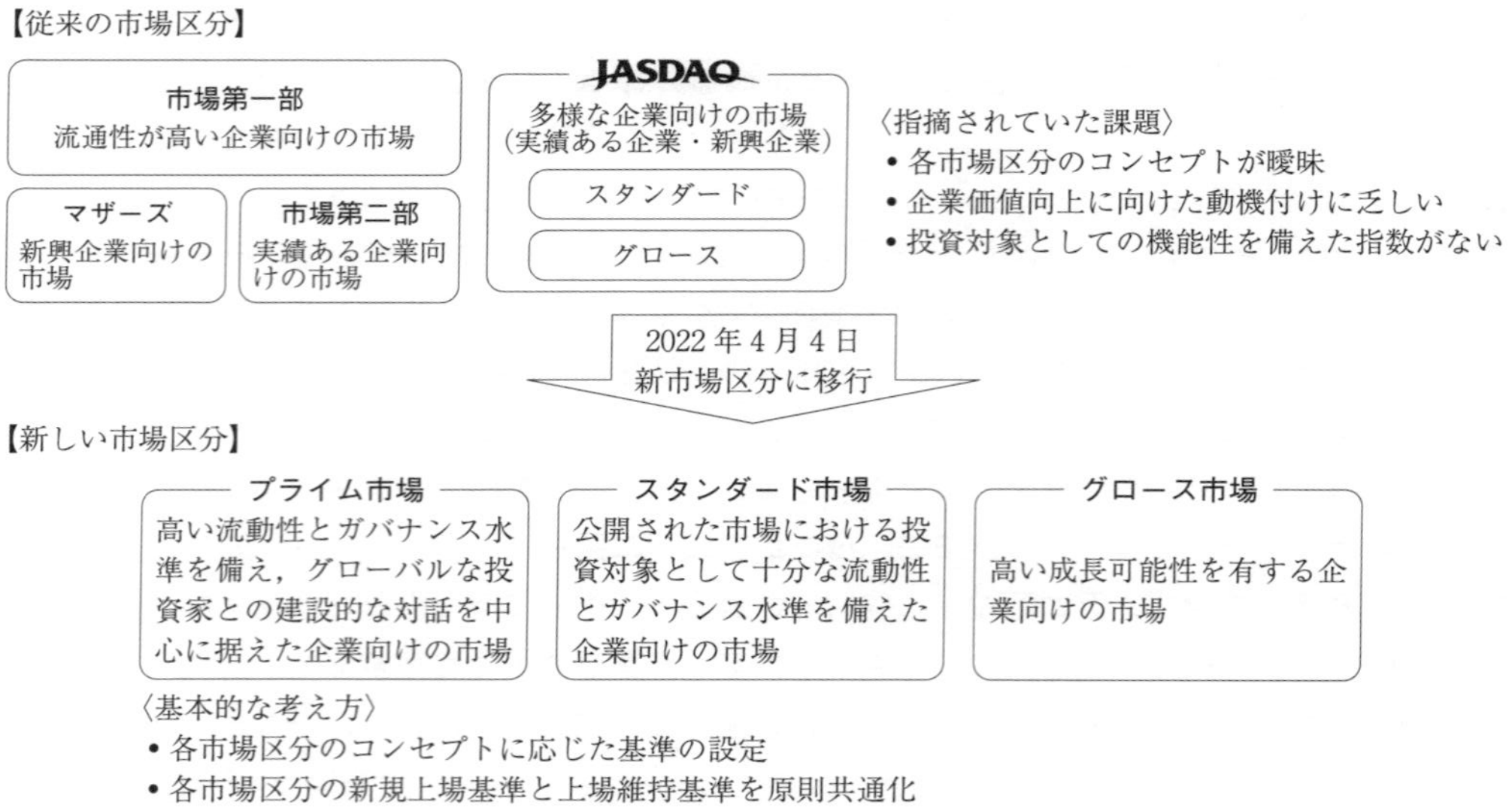
【従来の市場区分】
市場第一部
流通性が高い企業向けの市場
マザーズ
新興企業向けの市場
市場第二部
実績ある企業向けの市場
JASDAQ
多様な企業向けの市場
（実績ある企業・新興企業）
スタンダード
グロース
〈指摘されていた課題〉
• 各市場区分のコンセプトが曖昧
• 企業価値向上に向けた動機付けに乏しい
• 投資対象としての機能性を備えた指数がない
2022年4月4日
新市場区分に移行
【新しい市場区分】
プライム市場
高い流動性とガバナンス水準を備え，グローバルな投資家との建設的な対話を中心に据えた企業向けの市場
スタンダード市場
公開された市場における投資対象として十分な流動性とガバナンス水準を備えた企業向けの市場
グロース市場
高い成長可能性を有する企業向けの市場
〈基本的な考え方〉
• 各市場区分のコンセプトに応じた基準の設定
• 各市場区分の新規上場基準と上場維持基準を原則共通化

図 6-1　東証市場区分の見直し

出典：東京証券取引所資料

トに基づいた制度とする。具体的には、①多くの機関投資家の投資対象になりうる規模の時価総額（流動性）を持ち、より高いガバナンス水準を備え、投資者との建設的な対話を中心に据えて持続的な成長と中長期的な企業価値の向上にコミットする企業向けの市場（プライム市場）、②公開された市場における投資対象として一定の時価総額（流動性）を持ち、上場企業としての基本的なガバナンス水準を備えつつ、持続的な成長と中長期的な企業価値の向上にコミットする企業向けの市場（スタンダード市場）、③高い成長可能性を実現するための事業計画及びその進捗の適時・適切な開示が行われ一定の市場評価が得られる一方、事業実績の観点から相対的にリスクが高い企業向けの市場（グロース市場）の三つの市場区分に再編成された。

第二に、上場基準については、プライム市場とスタンダード市場は、流動性・ガバナンス・経営成績および財政状態による基準とし、数値基準だけでなく質的基準も重視する。プライム市場は、グローバルな機関投資家の視点などをより強調した基準とする。とくに流通株式の定義と基準の見直しには注意が必要であり、プライム市場の上場維持基準は流通株式比率三五％以上となる（その他の市場は二五％以上）。一方、グロース市場は先行投資型企業を含め、成長可能性の高い新興企業に幅広く上場機会を提供する観点から、プライム市場やスタンダード市場よりも緩和された上場基準とされている。

第三に、退出基準については、経営成績や財政状態だけでなく、時価総額も加味した基準とする。そして他市場からの移行基準・新規上場基準・退出基準が共通化されている。また機関投資家の参入促進のための方策が設けられた。企業の成長段階、投資家層の厚みを踏まえた開示制度なども改善されている。

以上の市場区分の見直しに合わせて、東証株価指数(TOPIX)も見直される。TOPIXの範囲は市場区分と切り離され、現在のTOPIXとの連続性も考慮しながら、より流動性を重視して選定される。

制度は重層的で複雑だが

第2章で述べたように、会社法の二〇一九年改正は、上場会社を含む有価証券報告書提出会社について、社外取締役一人以上の設置を強制している。コーポレートガバナンス・コードは、その原則4-8において独立社外取締役二人以上の設置をコンプライ・オア・エクスプレイン規範として求め、プライム市場の上場会社には独立社外取締役三分の一以上の設置をコンプライ・オア・エクスプレイン規範として求めている。ただ、一般に、コードのすべての規範がコンプライ・オア・エクスプレイン規範となるのはプライム市場とスタンダード市場の上場会社だけである。これに対して、独立役員制度は、すべての上場会社に対して独立役員一人以上の設置を求めている(そして取締役が望ましいとしている)。

このように、二〇一五年六月一日以降、上場会社には、三層のルールが共存して適用される。なぜこれほどまでに制度は複雑になっているのか。それは歴史的な経緯としか言いようがない。まず二〇〇九年に独立役員制度が導入された。そして二〇一〇年三月に金融商品取引法の内閣府令が改正された。次に会社法の二〇一四年改正が成立した。そしてコーポレートガバナンス・コードが二〇一五年に制定された。会社法の二〇一九年改正が成立し、二〇二一年にコードの二度目の改訂が行われた。そして、二〇二二年四月から東京証券取引所の市場区分の見直しが行われた。

しかし、制度は複雑であるけれども、その狙いは複雑ではない。コーポレートガバナンス・コードは、上場会社が株主との対話を通じて成長し業績を上げることを支援するものであって、そこでの規範はいわゆるプリンシプル・ベースとされている。そして、コーポレートガバナンスはそれ自体が目的なのではなく、企業が成長し業績を上げて株式市場に評価されるための手段である。事の本質を見失わないよう留意する必要がある。

結局のところ、上場会社のガバナンスの分野は、会社法だけでは完結せず、会社法に加えて金融商品取引法、そして東京証券取引所の上場規則、これら三つを足し合わせて初めて、ルールが完結することとなる。

2　世界金融危機と金融商品取引法の頻繁改正

世界金融危機の発生とその背景

二〇〇七年ころから顕在化し始めたアメリカにおけるサブ・プライム・モーゲージ問題（低所得者層向けの住宅担保貸付債権の不良債権化）を背景として、金融市場に世界的な規模での危機が発生した。二〇〇七年夏にフランスの大手銀行が運用していた投資信託の解約が凍結され、二〇〇八年に入ってアメリカの投資銀行であるベアー・スターンズ社の破綻が報じられたが、二〇〇八年九月には、アメリカ大手投資銀行のリーマン・ブラザーズ社が破綻し、世界の金融市場は一〇〇年に一度とさえいわれることもある危機に見舞われることとなった。アメリカでは最大手の保険会社であるＡＩＧ社も破綻したほか、ヨーロッパでも少なからずの大手・準大手の銀行が破綻し、政府による公的資金の注入や国有化による救済を受けた。日本では大手金融機関が直接の影響を受けたということはなかったものの、この金融危機は日本の株式市場や実体経済に悪影響を及ぼしたと言われている。

この金融危機については、二〇〇九年秋以降、金融危機後の規制や法制のあり方について、後述するＧ20を中心として、国際的なレベルで議論がなされ、各国はこの国際的な議論を受けて規制の強化や法制の整備を進めた。

この金融危機の原因などについて、本書の新版ではやや詳しめに述べたが、本書では分量の関係で省略せざるをえない（新版をご覧いただけたら幸いである）。ただ、原因分析をしたイギリスの「ターナー・レビュー」と呼ばれる文書が次の点を指摘したことだけは触れておきたい。

この「ターナー・レビュー」のポイントは、おおむね次のとおりである。すなわち、まず資金の流れということについて、世界的に見ると、おカネの出し手のほうに、まず、基本的な遠因があるということである。要するに、グローバルに見ると、世界はカネ余りの状態にある。世界の一部におカネが蓄積されて、そのおカネが行き場をなくし、世界中を駆け巡っているというのが実情であって、そのようなおカネは、利回りだけが重視され、高い利回りを求めて駆け巡る。それは、伝統的な銀行の預貯金に流れることもあるが、ヘッジファンドのように、伝統的な預金受入機関である銀行ではないルートで流れることもある。そういう状況の中で、金融市場では、投資家の要求に応えるために、利回りだけを重視する商品開発が盛んに行われるようになり、また、そういう商品開発をした業者が利益を上げ、高い報酬を得るという循環ができあがっていった。その基礎には金融テクノロジーないし金融工学の発達などさまざまな条件があるが、とにかく利回り重視の商品が盛んに開発されていった。そういう金融商品には、大ざっぱにいうと、証券化商品が一方にあり、それが複雑な商品として組成され、また、もう一方ではデリバティブ(スワップ取引などのいわゆる派生商品)がある。これらの二つをさらに複雑に組み合わせた商品も盛んに開発されるようになった。

こうした証券化やデリバティブという仕組みは、それ自体が悪いというわけではなく、仕組み自体は社会・経済に有益な機能を果たすものである。ただ、その利用のされ方が過剰であったというのが「ターナー・レビュー」の説明である。

金融危機の背景となった最大の要因を理解するための問いは、「そのようにして複雑に組成され、開発された商品を保有していたのは誰か」という問いである。もし、これが資本市場の投資家によって広く薄く保有されていたとすれば、リスクは分散されたはずである。しかしながら、そのような商品の最大の保有者は、実は銀行だったということが判明した。とくにヨーロッパの金融機関(主として銀行)がこのような証券化商品やデリバティブ商品を大量に保有していた。そして、これらの商品の価値が暴落し始めると、ヨーロッパの金融機関は膨大な損失を被るに至り、一斉に公的資金による救済を受けざるをえなくなった。

格差の拡大

右の富の偏在という金融危機の遠因は、現在の経済社会を理解するうえで重要な点である。経済学者であるピケティ氏は、次のように述べる。

オリガルヒ型の格差拡大とは、富裕国が自国の億万長者に所有されるようになること、もっと一般的には、中国や石油輸出国を含むすべての国が、ますます世界の億万長者や大富豪に所有されるようになることを指す。……このプロセスはすでにかなり進行している。世界成長の鈍化と、資本をめぐる国際競争の激化に伴い、今後数十年間でr（資本収益率）がg（経済成長率）をはるかに上回ると信じるに足る根拠は十分にある。そこに資本収益が初期所有財産の規模に応じて高まる事実を加味すると、ますます複雑化する世界的金融市場によってこの現象が促進されかねない。

（トマ・ピケティ『二一世紀の資本』山形浩生・守岡桜・森本正史訳、みすず書房、二〇一四年、四八〇—四八一頁）.

金融危機後のグローバルな議論

金融危機発生の後の規制や法制のあり方の議論をリードしているのは、G20である。G20という団体は、もともとはいわゆるアジア経済危機後の一九九九年に結成されたもの（首脳および蔵相・中央銀行総裁会議）であるが、先進国だけからなるG7やG10と異なり、そのメンバーには、G7（カナダ、フランス、ドイツ、イタリア、日本、イギリス、アメリカ。以下では、国名を列挙する場合は原則として英語表記のアルファベット順とする）に加えて、ＢＲＩＣｓ（ブラジル、ロシア、インド、中国）、そしてアルゼンチン、オーストラリア、インドネシア、メキシコ、サウジアラビア、南アフリカ、韓国、トルコおよびＥＵが含まれる。そして、このＧ20は、金融危機後、毎年首脳会合（サミット会合）を開催している。

このＧ20と連携して具体的な作業を行うのは、主としてＦＳＢ（Financial Stability Board, 金融安定理事会）という団体である。このＦＳＢは、一九九九年にＧ７により結成されたＦＳＦ（Financial Stability Forum）を改組したもので、二〇〇九年春にメンバー国を拡大して団体名を改称した。Ｇ20とＦＳＢがリーダーシップをとる形で行われてきた金融危機後の対応の処方箋は、きわめて多くの項目にわたっており、本書でそれらを述べることはできないが、このような世界的なレベルでの議論がされるなかで各国とも法規制の整備が行われてきている。

金融危機と会社法

世界金融危機は、ただちに日本の金融機関に直接の悪影響を及ぼしたということはないものの、日本の経済や証券市場等に影響を及ぼした。そして、日本でも、Ｇ20における規制強化の議論を受けて、銀行法や金融商品取引法の改正が行われてきている。本章の冒頭で、日本の金融商品取引法は、二〇〇八年以降、ほぼ毎年改正を繰り返していると述べたが、ここ数年の一連の金融商品取引法の改正は、日本国内の状況の変化に対応して行われた改正のほかに、世界的なレベルでの金融危機後の議論への対応として行われた法整備が含まれている。その例としては、格付会社の規制、店頭デリバティブ取引の規制、破綻処理法制、暗号資産関係の規制などがある。

これらは、会社法には関係がないことなのか。世界レベルでの金融危機後の規制強化の議論は、主として金融規制の議論であって、直接には会社法の改正につながるものではない。しかしながら、間接的には、影響があると考えるのが正しいと思う。たとえば、世界レベルでの金融危機後の規制強化の議論においては、金融危機後の金融機関、とくに銀行のガバナンスの強化ということがうたわれており、銀行監督当局の集まりでFSBと連携して規制の整備をしているバーゼル銀行監督委員会(BCBS)では、銀行のガバナンスに関するガイドラインを改訂している。こうしたガバナンス改革は、会社法の改正への原動力にもなる。後で述べるが、日本の会社法は主として国内的な事情で制定され改正されてきているが、グローバルな影響を間接的には受けており、日本の会社法の歴史はグローバルな議論と整合的である。

3　企業活動のグローバル化と会社法

グローバル化時代の会社法改正の原動力

諸外国(以下、先進諸国の意味で用いる)における二一世紀の会社法改正(改正論議を含む)に関してもっとも重要な点は、次の二点であると思う。第一点は、会社法というものの役割についての認識の変化であり、第二点は、IT革命とそれを主たる背景としてもたらされている各国の大企業間の競争の激化と各国の証券市場の規模の拡大(そして投資家の種類の変化)である。もちろんこれらは国境を越えた規模で生じている。IT革命では、とくにインターネットの爆発的普及と暗号技術等を用いたセキュリティ技術の発達が重要である。近年では経済社会のデジタル化(DX=デジタルトランスフォーメーション)と呼ぶことが多いので、以下ではDXと呼ぶこととする。将来を展望しても、これらの二点が、諸外国の会社法の将来を大きく変える(変えざるを得ない)原動力になりつつある。

右の第一点である会社法というものの役割についての認識の変化は、まさにパラダイムの変化が起きたといえる。会社法は、伝統的には、関係者間の権利義務関係を規定する基本的な私法のひとつであることにその役割があった。しかし、パラダイムは変わった。現在では、会社法は、国の経済政策のひとつの重要な制度的インフラとして、そのあり方が議論されている。このことは、とくに二一世紀に入ってヨーロッパでは共通の理解となっているが、今日まで続いている。

第二点、すなわちDXについては、DXは、われわれの生活や経済活動の方式を大きく変えた(変えつつある)。このことは、当然ながら会社の活動にも大きな影響を及ぼす。このようなDXを主たる背景として、各国の大企業間の競争が国境を越えて一層激化しつつある。そして、各国の証券市場の規模が拡大し、その役割が一層重要になりつつある。さらに、投資家の種類の変化ということが重要である。ヘッジファンドやプライベートエクイティファンド、そしてアクティビストファンドといった新しいタイプの投資家が台頭し、その行動は市場や経済に大きな影響を与えるに至っている。これらの状況は、伝統的な会社法は十分には念頭に置いていない事情であって、伝統的な会社法は、かえって足かせになる場合が少なくない。会社法は会社の活動を事前に規制する面があるので、DXに対応した会社法改正を行わないと、会社の活動に支障が生じるのみならず、国の経済にとってもマイナスの影響が生じる。その一方で「新しい種類の投資家」として、アクティビストファンドなどは、日本の上場会社に多額の配当を要求したり、敵対的買収を試みたりするに至っていて、対象会社による防衛策ないし対抗措置が発動されて裁判になる例が二〇二一年以降頻発していることは第5章で述べたとおりである。

先進諸国における近年の会社法改正の動向は、個別の事項を見る限りではバラバラに見えるかもしれないが、その底流を流れる思想においては、かなり共通のものがある。前述したことの繰り返しになるが、多少表現を変えると、それは、「競争力を高める会社法、DXに対応した会社法、証券市場の変化に対応した会社法」をめざした改正(改正論議を含む)が行われているということである。

会社法のパラダイム

法制が大きく変化するとき、その要因は一つではなく、複合的な場合が少なくない。たとえば、金融分野における日本版金融ビッグ・バン(一九九六―二〇〇一年)は、法制面での大改革を伴ったが、それをもたらした要因は複合的である。金融ビッグ・バンの場合、直接的には、バブル経済崩壊後の金融危機と経済の不況という国内的要因が大きいが、日本の市場をニューヨーク、ロンドン並みに復帰させるという目標も掲げられた。金融ビッグ・バンによる作業が進展するにつれ、世界におけるさまざまな共通ルール作り(BCBS、IOSCO(証券監督者国際機構)など)の影響が大きくなった。この傾向は、世界金融危機後に一層顕著となっている。

これに対して、日本の会社法改正(改正論議を含む)は、会計処理の分野を例外として、どちらかと言えば国内的事情を重視して行われてきた。もちろん、国内的事情重視の会社法改正であっても「よい」会社法改正であれば、それは結局は日本の企業の競争力を高め、日本の経済の発展に貢献するはずではある。しかし、先に強調したような視点がヨーロッパ諸国を中心として近年の会社法改正における諸外国での共通の認識になりつつあることにかんがみると、いずれ日本でも、これらの諸外国での会社法改正の影響を受けずにはいられなくなることは明らかである。

銀行規制のパラダイムが、銀行の個々の活動を事前に規制し、リスクを事前に直接コントロールするというアプローチから、自己資本比率規制を中心とし、銀行に全体としてのリスク管理とガバナンスを厳しく求め、利益相反行為などの弊害に対処する行為規制を充実させるというアプローチに転換したことは顕著である。世界金融危機の発生の後の金融規制の強化においても、一層の厳格なリスク管理と行為規制の強化という線は維持されている。このような経験は、会社法の将来にとっても参考になるように思われる。近年の諸外国での会社法改正の背景や動向をかんがみると、「競争力を高める会社法、DXに対応した会社法、証券市場の変化に対応した会社法」をめざす改正として、おそらく会社の個々の活動を事前に規制するというアプローチからの解放が求められるように思われる。その一方で、リスク管理とガバナンスの充実ということが求められる。

日本でも、二〇一九年の会社法改正で株主総会資料の電子化が実現するなど、DX対応の改正は進んでいる。また、二〇一四年と二〇一九年の会社法改正でガバナンス規制はさらに多様化され、洗練化されている。しかし、日本の将来のためには、さらに進んで、会社法分野におけるパラダイムの転換が起きることを期待したい。

4 サステナビリティと会社法

世の中の流れの変化は実に早い。地球規模で二〇世紀後半から生じている環境変化の潮流として、高齢化(人口構成の変化)、富の偏在、経済社会のデジタル化という三つが重要だと私は思う。このうち富の偏在は格差を生み出すとともに、近年ではゼロ金利状態(直近の動向を除く)をもたらす一因にもなっている。これらの潮流に加え、二一世紀に入ってからは人類の存続を脅かしかねない三大リスクが生じている。自然災害(気候変動)のリスク、疫病のリスク、そしてサイバーセキュリティに関するリスクである。自然災害に関しては日本では台風や地震が多いが、外国では山火事もある。疫病には言うまでもなく現在の新型コロナウイルス感染症の拡大があるが、これ以外にも二一世紀に入ってから一部の地域では重大な疫病がまん延した。サイバー攻撃やサイバー不正も被害が後を絶たない。こうした環境の中で企業は経営を続けているというのが現状である。今後上場企業には、そうした社会的課題への対処をしながら成長を目指すことが期待される。

サステナビリティと制度

サステナビリティとは、一般には右のようなリスクの中での持続可能性を意味する。サステナビリティ概念についてはさまざまな定義が見られるが、日本のコーポレートガバナンス・コードやスチュワードシップ・コードでは、これを「ESG要素を含む中長期的な持続可能性」としている（Eは環境、Sは社会、Gはガバナンスを意味する）。日本では、二〇二〇年一〇月に政府として二〇五〇年のカーボンニュートラルを目指すことが宣言され、サステナビリティに関する取組みが企業経営の重要な課題とされているとともに、サステナビリティ開示の基準策定の動きが急速に進んでいる。投資家から見てのESG、国連から見てのSDGs（持続可能な開発目標）というのは、サステナビリティとほぼ同じことを意味しているといってよい。要するに、どのような経済主体であってもサステナビリティに対応しないとやっていけない時代になっているということである。

サステナビリティ関連事項の推進については、開示を含めて、EUを中心とする諸外国におけるルール作りの進展のスピードが著しい。そのような状況の中で、日本では、二〇二一年のコーポレートガバナンス・コードの改訂で、日本企業においては、サステナビリティ課題への積極的・能動的な対応を一層進めていくことが重要であると述べている（サステナビリティに関する具体的なコードの内容は省略する）。

情報開示の法制化

日本でも、サステナビリティに関する取組みが企業経営の重要な課題とされているとともに、サステナビリティ開示の基準策定の動きが急速に進んでいる。

とくに気候変動対応に関する情報開示について、近年、金融安定理事会（FSB）の下に設置された気候関連財務情報開示タスクフォース（TCFD）のフレームワークの利用が進んでおり、グローバルに事業を展開している日本企業を中心に、統合報告書やサステナビリティ報告書などの任意開示書類におけるサステナビリティ開示が進展している。また、サステナビリティ開示全般としては、二〇二一年三月に国際会計基準（IFRS）の設定主体であるIFRS財団がグローバルなサステナビリティ報告基準を設定する方針を公表し、二〇二一年一一月には基準設定主体となる国際サステナビリティ基準審議会（ISSB）の設立を公表し、その後に設立されたISSBは二〇二二年三月にサステナビリティ開示基準（サステナビリティ関連財務情報の開示に関する全般的要求事項と気候関連開示）の公開草案を公表し、この基準は二〇二三年中に最終化される予定である。

日本でも、公益財団法人財務会計基準機構（ＦＡＳＦ）が二〇二一年一二月にサステナビリティ開示に関する国際的な意見発信等を行うサステナビリティ基準委員会（ＳＳＢＪ）の設置を公表し、二〇二二年一月にＳＳＢＪ設立準備委員会が設置され、ＳＳＢＪは二〇二二年七月に正式に発足した。この間、すでにこれまで、サステナビリティ開示をめぐる世界的な議論の動向を踏まえた精力的な議論が行われてきている。二〇二二年六月に公表された金融審議会のディスクロージャーワーキング・グループの報告でも、気候変動関連の情報開示を金融商品取引法に基づく有価証券報告書における開示すなわち法定開示（強制開示）とすることが提言されており、さらに将来は、財務諸表の開示について比較可能性を高めるために独立した監査法人が行う監査に相当する制度（サステナビリティ開示については「保証」と呼ばれる）の導入についても検討が行われている。

金融機関の役割（サステナブル・ファイナンスへの要請）

国連は、企業のサステナビリティ活動は民間資金の活用で行うと言っており、各国の金融機関では、気候変動対応の活動を行う企業に対して積極的に融資を行うなどの傾向が近年急速に増大している。このような状況のなかでの金融機関に対する規制としては、前述した「間接規制」が維持されている。具体的には、情報の開示・リスク管理・ガバナンス・自己資本比率規制（流動性に関する規制を含む）の四つである。金融機関によるサステナビリティ関連の融資その他の活動についてもこれら四つの規制という枠組みが維持されているが、たとえば、金融機関の自己資本比率規制において気候変動対応に関連する融資等のリスクの割合を一般の融資等の場合と違えてはどうかなどの議論がみられる。

気候変動への対応は、今後何十年にもわたる長い期間を通じて実施されていくべきものとされており、何十年も先の目標達成に向けて今何ができるかという難題へのチャレンジであって、これに関連する法規制が今どうあるべきかも難問である。しかし、グローバルなレベルでの合意形成への動きが急速に進みつつあるなかで、日本でも、グローバルな動向を注視しつつ適切な対応を計画的に実施していくことが求められる。サステナビリティに向けた取組みは、今世紀における目が離せない動きである。

会社法は？

近年、日本でも、会社のパーパスということがさかんに言われる。このパーパスの問題については、まず、二つのパーパスを区別する必要がある。一つは各企業におけるパーパスであり、経営理念とでもいうべきもの。日本でいうと、いうまでもなく定款所定の事業目的よりは広い概念である。もう一つは、企業全体を通じての株式会社の目的とでもいうべきパーパスであって、営利性の追求に限られるのかといった問題である。どちらも会社法の問題になりうるが、以下では、後者について述べる。

この問題を考える際に参考になるのはイギリスとアメリカの会社法である。紙幅の関係で詳しく述べることができないが、ひとことで言えば、イギリスの会社法は「取締役はサステナビリティに留意を向けなければならない」とmustを使っており、アメリカのALI（アメリカ法律協会）のコーポレートガバナンスに関する法のリステートメントの二〇二二年四月時点での草案は、mayを使っていて、企業の経済的価値、それが株主価値であれ何であれ、それとは別に、合理的な範囲で慈善的な寄付などをしてもいいとされている。つまり、アメリカですらmayとして一定の範囲で企業価値を高めなくてもいいということになっている。なお、損なっていいとは書かれていない。

私は、日本の会社法でも株主第一主義などとはどこにも書いてないので、大きくいえば企業価値を高めることが目標であって、ただ、当然mayは解釈として認められるものと理解している。相当程度のサステナビリティ活動をしても、アメリカのリステートメントに書いてある程度はまったく問題がない。会社法との関係でこの問題を整理するとmustかmayかの話になるが、環境法や労働法などの個別分野の法律で具体的な手当てをするというやり方が日本でも求められていくと思われる。

なお、must と書いてあるときに、図らなかったら義務違反なので損害賠償責任が生じるかというと、理屈はそうだとしても、実際上イギリスでこの条文に違反したから取締役が会社に対して損害賠償責任を負うという話はまずないと思われる。したがって、実は must と may は、実際上の効果としてはあまり変わらないと考えられる。日本の会社法の下でも、合理的な範囲であればサステナビリティ活動をすることは当然に認められるわけで、それによって取締役が法的な責任を負うとか、逆にやらなかったことによって責任を負うということはまずないと考えられる。

ただし、そもそも企業が自由にサステナビリティ活動をするという話では必ずしもないと私は思っている。上場企業は株式市場で投資家(とくに機関投資家)によって評価される。あまり勝手な行動をしていると取締役は次に再任されなくなる。機関投資家との対話の中で何をするのかを決めて実践していくという基本を間違えないようにする必要がある。

5 会社法はどこへいくのか

中小会社と会社法

最近では、コーポレートガバナンス・コードの制定など、上場会社向けのルール整備に目が行きがちであるが、日本に三九〇万社以上存在する会社のほとんどは、中小企業である。そして、言うまでもなく、会社法は、中小の会社にとっても基本法である。本書の初版刊行以降、中小会社に関係する会社法の動きはなかったのであろうか。答えは、そうではないということである。中小会社における会社法の運用の実態はなかなか見えにくい。私もその全貌を知っているわけではない。本書の新版では、重要な裁判例が出始めているということを、二つの裁判例を紹介することで示した。その後も重要な裁判例がいくつか出ている。しかし、本書新版で紹介した二つの裁判例は、本書刊行時点でも重要であると私は思うので、これら二つの本書新版での紹介を本書でも維持しておきたい。

一つは、最高裁の二〇一五年二月一九日の判決である。会社法は、株式が複数の者の共有になっている場合（株主が死亡して相続人が複数ある場合が典型）について、これらの者（共有者という）は、その株式についての権利を行使する者一人を指定して会社に対してその者の氏名を通知しなければ、その株式についての権利を行使することができないと定め（一〇六条本文）、例外として、ただし、会社が権利を行使することに同意した場合は、この限りでないと定めている（一〇六条ただし書）。この「ただし書」の意味がむずかしい。共有者が権利行使者一人を指定しなかった場合でも、会社は共有者の誰かに権利行使させてもよいかが問題となる。

最高裁は、中小会社で相続により株式の共有状態が生じた事案において、会社法一〇六条本文は、共有に属する株式の権利の行使の方法について民法の共有に関する規定に対する特別の定めを設けたものであり、共有株式について会社法一〇六条本文に基づく権利行使者の指定と会社への通知がないまま権利が行使された場合には、その権利の行使が民法の共有に関する規定に従ったものでないときは、会社が一〇六条ただし書の同意をしても、権利行使は適法となるものではないと判示した。この判決の意義をここで述べることはしないが、この最高裁判決は、中小会社の実務上きわめて重要なルールを宣明したものである。

もう一つ、東京地裁立川支部の二〇一三年九月二五日の判決を紹介しておきたい。会社法は、株主平等原則(第4章参照)の例外として、非公開会社は、剰余金の配当を受ける権利・残余財産の分配を受ける権利・株主総会における議決権について、株主ごとに異なる取扱いを行う旨を定款で定めることができると定めている(一〇九条二項)。そこで、ある中小会社が、株主総会決議により、この規定に基づいて、ある株主の持株比率と配当を受ける権利を他の株主の一〇〇分の一に変更した。裁判所は、このような株主総会決議は、その内容が「株主平等原則の趣旨」に反し無効であるとした。地裁レベルでの判決であるが、中小会社における多数決の限界を示した興味深い判決である。

要するに、中小会社に関する事案において、二〇〇五年会社法の諸ルールは、裁判例を通じて、条文の文言だけからでは必ずしも明らかでない点について意味が明らかにされつつあるということである。中小会社にとって、二〇〇五年会社法は、施行後十数年を経て、地に足がついてきているということもできる。

会社にとっての会社法

事業をする側に立ってみると、会社法などの法律は与件ということもできるだろう。それにしたがって事業を行うことが求められるのであるから。その意味では、税制や会計、また各種の業法(業種別の国の規制)も重要な意味をもつ。また、独占禁止法なども重要であるし、労働法などもある。将来、これらの法令がどう変化するかに応じて、会社形態で事業を行うことの意味とコストも変化する。会社法だけが法律ではない。企業をとりまく法律は実にさまざまであり、その全体像を見きわめる必要がある(図1-1参照)。

会社をとりまく法制度全体から見ると、会社法は言わば歯車の一つにすぎず、他の歯車となる諸法律とうまくかみあってこそ法は全体として会社制度をうまく支えることができる。会社が収益を上げられるように法がサポートするといっても、単純な人件費抑制で収益が上がったなどというのでは、会社法が目指している理念とは異なる。変貌をとげつつある会社法のもとで会社が将来発展していくためには、経営者には強い倫理が求められ、働くヒトを大切にする姿勢が欠かせない。こうした点は、日本では、国の雇用政策について再考する必要性をも意味しているが、本書の対象とは異なるテーマであるため本書では立ち入ることができない。しかし、人的資本は国の将来にとって、そして会社の将来にとって極めて重要なことである。

会社法の将来

会社法は将来どこへいくのか。

本章第3節で、先進諸国の会社法の将来を大きく変える原動力になりつつある環境として、IT革命と証券市場の変化という二つがあることを述べた。これらはいずれもが今後も続くものと予想される。そうだとすれば、将来にかけて、会社法制の変化は、DX対応と証券市場対応を続けながら進化し続けることが予想される。

また、本書では、コーポレートガバナンスをめぐる議論がきっかけとなって、近年、会社法というものが国の経済政策の重要な制度的インフラとしてそのあり方が議論されるようになり、会社法の改正もこうした流れのなかで行われるようになったことを述べ、日本でも、会社法分野におけるパラダイムの転換が起きることを期待すると述べた。その内容は、思い切って極端に言えば、今日のDX環境と変化しつつある株式市場環境のなかにおける株主の基本的な権利は何であるべきかを整理し、その保護を法制上確保したうえで、会社の活動を事前に制約するような規制を撤廃することである。

コーポレートガバナンスの多くの部分は、結局のところそのような株主すなわち証券市場における投資家の信頼を確保する仕組みの構築という課題である。そのようなコーポレートガバナンスの具体的なあり方は、国により企業により異なりうるのであって、一様ではありえない。しかし、コーポレートガバナンスの仕組みは、公正さ(外から見た公正さ)と透明性(外から見たわかりやすさ)を備えていることがきわめて重要である。会社は事業を行うことで利益を上げる。しかし、その利益追求のプロセスは健全でなければならない。公正さと透明性は、健全性を確保する法的な手法なのである。

日本では、二〇一四年と二〇一九年の会社法改正を経て、会社法は進化し続けている。しかし、強調しておきたいことは、会社法制の底流をなすのは世界共通の流れであり、日本の会社法は、そうした世界の流れに負けていないかどうかについて、十分な検証を不断に続けていかなければならないということである。そうだとすれば、二〇一九年改正が施行された後も、いろいろな局面での検証を通じて、国の経済の基本法としての役割をになう会社法についての点検が不断に行われなければならないということになる。

将来、会社法はどこへいくのか。それは、国の経済の将来について、そして会社にかかわる人々の将来について、どのようなビジョンをもつかという問いと不可分である。

あとがき

本書の初版を刊行した際、二〇〇五年という年に新しい会社法が制定されたことは、歴史的には、偶然であると同時に必然でもあったというのが私の感想であると述べた。二〇一四年の会社法改正も、それが二〇一四年という年になったのには偶然の面があるが、それに先立つ証券取引所による上場会社向けの一連のルール制定などを見ると、起きるべくして起きたという意味では必然でもあったと私は思う。そして、二〇一九年の会社法改正も、証券取引所によるルールと相互補完関係にある。

本書は、二〇一九年の会社法改正のうちで施行が遅れていた株主総会資料の電子化に係る部分と登記関係事項の改正が二〇二二年九月一日に施行され、株主総会資料の電子化が上場会社について二〇二三年三月一日以降に開催される株主総会から適用されることとなった直後に刊行される。本書の初版では、二〇〇五年会社法が成功するかどうかは未知数であり、実務でのさまざまな経験を通じて、数年後、あるいはさらにその先になってから、歴史が答えを出してくれることになるだろうと述べた。二〇〇五年会社法の施行(二〇〇六年五月一日)から一七年が経過しようとしているが、答えは今日でも未だ出ていないように思われる。それほどに世の中の変化には激しいものがある。会社法は今後も進化をし続けるであろうし、そうでなければならない。

本書については、岩波書店編集部の伊藤耕太郎氏に内容と表現の双方について細かな点に至るまで大変お世話になった。厚く御礼申し上げる。

二〇二三年二月

神田秀樹

神田秀樹

1953年生まれ
1977年東京大学法学部卒業
現在—東京大学名誉教授，学習院大学教授
専攻—商法，証券法，金融法
著書—『会社法(第25版)』(弘文堂，2023)
『商法判例集(第8版)』(共編著，有斐閣，2020)
『数理法務概論』(共訳，有斐閣，2014)
『金融法講義(新版)』(共著，岩波書店，2017)
『The Anatomy of Corporate Law(第3版)』(共著，Oxford University Press, 2017)ほか

会社法入門 第三版　　岩波新書(新赤版)1969

2023年4月20日　第1刷発行
2023年6月15日　第2刷発行

著　者　神田秀樹《かんだひでき》

発行者　坂本政謙

発行所　株式会社 岩波書店
〒101-8002 東京都千代田区一ツ橋2-5-5
案内 03-5210-4000　営業部 03-5210-4111
https://www.iwanami.co.jp/

新書編集部 03-5210-4054
https://www.iwanami.co.jp/sin/

印刷・三陽社　カバー・半七印刷　製本・中永製本

© Hideki Kanda 2023
ISBN 978-4-00-431969-6　　Printed in Japan

岩波新書新赤版一〇〇〇点に際して

ひとつの時代が終わったと言われて久しい。だが、その先にいかなる時代を展望するのか、私たちはその輪郭すら描きえていない。二〇世紀から持ち越した課題の多くは、未だ解決の緒を見つけることのできないままであり、二一世紀が新たに招きよせた問題も少なくない。グローバル資本主義の浸透、憎悪の連鎖、暴力の応酬――世界は混沌として深い不安の只中にある。

現代社会においては変化が常態となり、速さと新しさに絶対的な価値が与えられた。消費社会の深化と情報技術の革命は、種々の境界を無くし、人々の生活やコミュニケーションの様式を根底から変容させてきた。ライフスタイルは多様化し、一面では個人の生き方をそれぞれが選びとる時代が始まっている。同時に、新たな格差が生まれ、様々な次元での亀裂や分断が深まっている。社会や歴史に対する意識が揺らぎ、普遍的な理念に対する根本的な懐疑や、現実を変えることへの無力感がひそかに根を張りつつある。そして生きることに誰もが困難を覚える時代が到来している。

しかし、日常生活のそれぞれの場で、自由と民主主義を獲得し実践することを通じて、私たち自身がそうした閉塞を乗り超え、希望の時代の幕開けを告げてゆくことは不可能ではあるまい。そのために、いま求められていること――それは、個と個の間で開かれた対話を積み重ねながら、人間らしく生きることの条件について一人ひとりが粘り強く思考することではないか。その営みの糧となるものが、教養に外ならないと私たちは考える。歴史とは何か、よく生きるとはいかなることか、世界そして人間はどこへ向かうべきなのか――こうした根源的な問いとの格闘が、文化と知の厚みを作り出し、個人と社会を支える基盤としての教養となった。まさにそのような教養への道案内こそ、岩波新書が創刊以来、追求してきたことである。

岩波新書は、日中戦争下の一九三八年一一月に赤版として創刊された。創刊の辞は、道義の精神に則らない日本の行動を憂慮し、批判的精神と良心的行動の欠如を戒めつつ、現代人の現代的教養を刊行の目的とする、と謳っている。以後、青版、黄版、新赤版と装いを改めながら、合計二五〇〇点余りを世に問うてきた。そして、いままた新赤版が一〇〇〇点を迎えたのを機に、人間の理性と良心への信頼を再確認し、それに裏打ちされた文化を培っていく決意を込めて、新しい装丁のもとに再出発したいと思う。一冊一冊から吹き出す新風が一人でも多くの読者の許に届くこと、そして希望ある時代への想像力を豊かにかき立てることを切に願う。

（二〇〇六年四月）